Escape

Desaparición en Barcelona

Rätseln, knobeln, Spanisch lernen

Manuel Vila Baleato

Vokabeltraining zum Buch!

Lerne die Vokabeln zu diesem Buch: Mit phase6, Deutschlands führenden Vokabeltrainer.

Mit phase6 übst du deine Vokabeln über Computer, Tablet und Smartphone mit Android oder iOS.

Der Circon Verlag schenkt dir die erste Vokabelsammlung zu seinen Büchern. Nur erhältlich über diesen Link (QR-Code).

www.phase6.de/s/a3360

Der beste Sprachtrainer für die Schule.

Baierbrunner Straße 27, 81379 München
Ausgabe 2023

Redaktion: Natascha Remmert
Fachkorrektur: Olga Carrasquedo
Produktion: Ute Hausleiter
Titelillustration: shutterstock.com: U1: aksol (Möwe), Inspring (Spots), JosepPerianes (Stempel), Lutsina Tatiana (Flagge), Milano M (Rahmen), Nata_Alhontess (Koffer, Palmen Vordergrund), Podessto (Tickets), Pylypchuk (Weg), Roman Bykhalov (Flip-Flops), rraya (Seilbahngondel, Sagrada Familia), servantes (Palmen Hintergrund); Rücken: Lutsina Tatiana, U4: GooseFrol, Milano M (Rahmen)
Umschlaggestaltung und Gestaltung: FSM Premedia GmbH & Co. KG

ISBN 978-3-8174-4362-8
381744362/1

Besuchen Sie uns auf Instagram und Facebook: circonverlag

www.circonverlag.de

Vorwort

Du magst kniffelige Rätsel und willst deine Spanisch-Kenntnisse verbessern? Dann ist dieses Buch genau das richtige für dich!

Wie funktioniert das? Die Geschichte beginnt mit dem ersten Kapitel auf Seite 6. Erst am Ende des zweiten Kapitels gibt es das erste Rätsel. Ab dann sind die Kapitel nicht mehr in der richtigen Reihenfolge im Buch zu finden. Nur wenn du es schaffst, die Rätsel am Ende jedes Kapitels zu lösen, erfährst du, auf welcher Seite die Geschichte weitergeht.

Falls du beim Knobeln nicht weiterkommst, findest du auf Seite 88 Tipps, die dir auf die Sprünge helfen. Für den Fall der Fälle gibt es auf Seite 89 zudem die Lösungen zu sämtlichen Rätseln.

Dieses Escape-Buch basiert auf dem Konzept unserer beliebten Lernkrimis und kombiniert eine spannende Geschichte mit didaktischen Inhalten. Schwierige Wörter werden direkt auf der Seite übersetzt. Das Glossar zu diesem Buch wurde für phase6 vertont. Dort kannst du die Vokabeln zusätzlich trainieren.

Inhalt

Die Ereignisse und die handelnden Personen in diesem Buch sind frei erfunden. Etwaige Ähnlichkeiten mit tatsächlichen Ereignissen oder lebenden Personen wären rein zufällig und unbeabsichtigt.

Hauptpersonen

Teo arbeitet als Lehrer an einem Gymnasium in Galicien. Nachdem er noch zu Studienzeiten einen erfolgreichen Roman veröffentlicht hat, bekommt er nun die einmalige Chance, wieder ein Buch zu schreiben. Er fliegt nach Barcelona, um sich mit seinem zukünftigen Verleger zu treffen. Als Mireia entführt wird, muss er seine Pläne ändern.

Mireia ist erfolgreiche Journalistin bei einer der größten Tageszeitungen des Landes. Seit zwei Jahren sind sie und Teo ein Paar. Für ihre Reportagen über die organisierte Kriminalität verschlägt es sie oft ins Ausland. Hat sie mit ihren Recherchen in ein Wespennest gestochen?

Der Entführer von Mireia führt Teo sehr bestimmt durch die ganze Stadt. Seine geheimnisvollen Nachrichten lässt er ihm auf die unterschiedlichste Art und Weise zukommen. Ob er seine Drohung wahr macht, dass Teo Mireia niemals wiedersehen wird, sollte er die Rätsel nicht lösen?

Enric fährt Taxi in Barcelona und steht Teo als zuverlässiger Chauffeur zur Seite.

¡Benvinguts a Barcelona!

—¡Señores y señoras pasajeros, bienvenidos a Barcelona!
El saludo del piloto del avión me despierta y veo por la ventanilla que ya estamos en el aeropuerto del Prat.
—Hoy en Barcelona hace un tiempo muy bueno, típico para el mes de septiembre. Hace sol y la temperatura ahora mismo, a las diez de la mañana, es de dieciocho grados —comenta de nuevo el piloto **mientras** algunas personas ya se levantan para coger sus maletas.

?!

¡Benvinguts! (Willkommen!) ist Katalanisch und entspricht dem spanischen *¡Bienvenidos!* Da die Geschichte in Barcelona spielt, ist die Begrüßung auf Katalanisch. Denn Katalanisch ist die Amtssprache in Katalonien, Valencia, Andorra und auf den Balearischen Inseln.

Desconecto el modo avión en mi móvil y veo que la temperatura en Santiago de Compostela a esa misma hora es de doce grados. Y además allí llueve.
Me alegro mucho de empezar este viaje, porque solo conozco la capital de Cataluña de una excursión escolar de cuatro días, hace casi veinte años. Pero sé muy bien que ahora estoy en Barcelona por trabajo, y no de vacaciones.
Después de escribir una novela con bastante éxito en mis años universitarios, en la actualidad trabajo como profesor de secundaria en un pueblo cerca de la capital de Galicia. Ahora, y gracias a los contactos de mi novia catalana, voy a tener la posibilidad de publicar otro libro con la editorial más importante de España.
Mireia y yo salimos juntos desde hace casi dos años. Ella es periodista y casi siempre está de viaje, porque hace reportajes sobre diferentes temas para el periódico más vendido del país (drogas, criminalidad, mafias, tráfico de órganos...). De hecho, ahora mismo está en Colombia haciendo una investigación para un reportaje sobre el tráfico de cocaína a Europa.

mientras .... während
desconectar .... ausschalten
modo *m* avión .... Flugmodus
escolar .... Schul-, schulisch
éxito *m* .... Erfolg
secundaria *f* .... weiterführende Schule
gracias a .... dank
editorial *f* .... Verlag
salir *(salgo) irr* ...... *hier:* zusammen sein
de hecho .... eigentlich

Mireia conoce bien a Marc Soler, el propietario de la editorial. Gracias a ese contacto tengo yo ahora la posibilidad de publicar este libro, después de casi quince años sin escribir.

El señor Soler vive en Barcelona y quiere hablar conmigo personalmente de todos los detalles del contrato. Según sus **propias** palabras, porque se trata de un proyecto «muy especial». La verdad es que yo no lo conozco personalmente, pero tengo muchas ganas de trabajar con él. Y además paga bien. MUY BIEN. Desde esta mañana ya tengo en mi banco una cantidad de dinero muy importante como **pago inicial**.

En realidad, todo **suena** un poco raro, pero estoy deseando conocer los detalles. Y a mí me encanta la aventura y probar cosas nuevas... La cantidad de dinero es muy atractiva y **por supuesto**, es una oportunidad excelente para mi carrera como escritor. ¿Cómo voy a decir no a una propuesta así?

En el aeropuerto, cuando ya **por fin** tengo mi maleta, salgo y busco mi nombre entre los **carteles** de las personas que esperan delante de la puerta de **llegadas**.

propio/-a .... eigene(r, s)
pago *m* inicial .... Vorauszahlung
sonar *(o > ue) irr* .... klingen; klingeln
por supuesto .... selbstverständlich, natürlich
por fin .... endlich
cartel *m* .... Plakat
llegada *f* .... Ankunft

Victoria Herranz, Miriam Roca, Carlos Martínez… pero yo no encuentro mi nombre entre todos los carteles que veo al salir. Mientras espero, veo en la pared un póster para **promocionar** el turismo en la capital de Cataluña. Con **fondo** amarillo y **marco** rojo, hay palmeras, una **gaviota**, una maleta, un camino… La imagen me gusta y hago una foto con mi móvil. Después de un par de minutos de espera, un poco sorprendido, pienso que quizás hay algún problema con el chico de la editorial que me tiene que **recoger** y llevar al hotel. Barcelona es una ciudad enorme, hay mucho tráfico, quizás alguna **reunión** de última hora… ¡qué sé yo! Miro el móvil para ver si tengo algún mensaje o llamada del **editor**. ¡Nada! Llamo entonces al número que tengo del señor Soler y solo escucho una voz metálica: «El número al que llama está apagado o **fuera de cobertura**».

Todo me parece un poco raro. Entonces una **empleada** de la **limpieza** del aeropuerto **se acerca** a mí y me pregunta:

promocionar .... werben
fondo *m* .... Hintergrund
marco *m* .... Rahmen
gaviota *f* .... Möwe
recoger *(recojo) irr* .... abholen
reunión *f* .... Besprechung, Sitzung
editor/-a *m/f* .... Verleger(in)
fuera de cobertura ..... ohne Netz, Empfang
empleado/-a *m/f* .... Angestellte(r)
limpieza *f* .... Reinigung
acercarse .... sich nähern

—¡Buenos días! Perdón, ¿es usted Teo Balmar?
—Eh... ¡Hola! Sí, soy yo, ¿por qué? —le pregunto sin comprender muy bien qué pasa.
—Esta carta es para usted. ¡Adiós! —me dice mientras me da un **sobre** con mi nombre y **se da la vuelta**.
—Pero... ¡un momento! —le digo a la mujer que ya quiere **desaparecer** muy rápido con su carro de la limpieza—. ¿Qué es esto?
—No sé, pero no quiero problemas.
—¿Qué? ¿Problemas por qué? ¿Por qué me da usted este sobre?
—Yo solo hago mi trabajo, pero si además puedo ganar cincuenta euros extra, lo hago, claro. Solo sé que un hombre de unos cuarenta años, con barba y gafas de sol, un poco raro, es el responsable de todo esto. Y ahora yo voy a continuar con mis cosas...
Muy sorprendido, miro a la derecha y a la izquierda, pero no veo a ese hombre con barba y gafas de sol. Un poco **confundido**, leo mi nombre en el sobre que tengo en las manos. Me pregunto si debo abrir esa carta. Y claro, al final lo hago.
Cuando leo el texto, casi no puedo creer lo que veo.

sobre *m* .... Umschlag
darse *(me doy) irr* la vuelta .... sich umdrehen
desaparecer *(desaparezco) irr* .... verschwinden
confundido/-a .... verwirrt, durcheinander

Una carta misteriosa

Todavía un poco nervioso, leo de nuevo la carta, ahora más despacio.

Estimado Teo:
¡Bienvenido a Barcelona! Esta es una ciudad fantástica, con muchos siglos de historia, secretos por descubrir... pero ¡también muchos peligros!
El proyecto que te trae aquí te va a cambiar la vida, para bien o para mal, así que lee con atención:
Tenemos a tu novia con nosotros. En este momento Mireia está en nuestras manos y vuestro futuro está en juego. Y solo tú decides cómo continuar.
Todavía estás en el aeropuerto. Si tú quieres, puedes abandonar todo ahora mismo. Puedes tomar el próximo avión a Santiago de Compostela. Fin de la historia. Pero claro, en ese caso puedes olvidarte de Mireia para siempre.
Por supuesto, te estamos vigilando. Como quizás ya imaginas, si hablas con la policía, tu novia va a sufrir las consecuencias. Así que tú decides.
Tienes un billete de avión a Santiago para el vuelo de esta tarde en la cafetería del aeropuerto que está a tu derecha. Ese puede ser para ti el fin de toda esta historia. Pero si quieres volver a ver a tu novia, entonces tienes que jugar. Y para eso tienes que salir del aeropuerto e ir al centro de Barcelona. Busca un lugar que comienza con el artículo LA y que se forma con las letras de tu apellido. Tienes tiempo hasta las dos de la tarde para llegar allí.
Ya lo sabes, el futuro de Mireia está en tus manos.
Atentamente,
El secuestrador

siglo *m* ..... **Jahrhundert**
peligro *m* ..... **Gefahr**
estar *(estoy) irr* **en juego** ..... **auf dem Spiel stehen**
abandonar ..... **aufgeben, verlassen**
vigilar ..... **beobachten**
sufrir ..... **(er)leiden**
volver *(o > ue) irr* **a** + *inf* ..... **wieder** + *inf*
atentamente ..... **mit freundlichen Grüßen**
secuestrador/-a *m/f* ..... **Entführer(in)**

Todavía nervioso, miro en mi móvil la hora. Ya son casi las doce. Veo a dos agentes de policía y pienso en hablar con ellos, pero finalmente decido esperar.
¿Pero qué tipo de juego es este? Mireia está todavía en Colombia, ¿o no? **Inmediatamente** la llamo, pero como es normal, su teléfono también está apagado o fuera de cobertura. Casi siempre es así cuando está trabajando en un reportaje **peligroso**.
Con la maleta en la mano, mientras pienso, camino por el aeropuerto hasta la cafetería donde me está esperando un **billete de vuelta** a Santiago.
Por un segundo, me pregunto qué debo hacer. ¿Hablar con la policía? ¿Coger ese billete y olvidar todo esto? Pero está claro que no puedo hacer eso.
Entonces pienso de nuevo en la carta: Un lugar de Barcelona «que comienza con el artículo LA y que se forma con las letras de tu apellido».
Yo no conozco bien Barcelona, pero pienso que tiene que ser un sitio muy conocido, también para alguien como yo. Quizás un punto de interés turístico, una calle importante en el centro o un edificio famoso.
De repente, imagino en mi cabeza las seis letras de mi apellido en movimiento… ¡en segundos el puzle está listo!

inmediatamente............sofort
peligroso/-a....................gefährlich
billete *m* de vuelta........*hier:* Rückflugticket
de repente......................plötzlich

El orden correcto

Wenn du die Buchstaben von Teos Nachnamen in die richtige Reihenfolge bringst, erfährst du, wie das nächste Kapitel heißt.

Lösung:

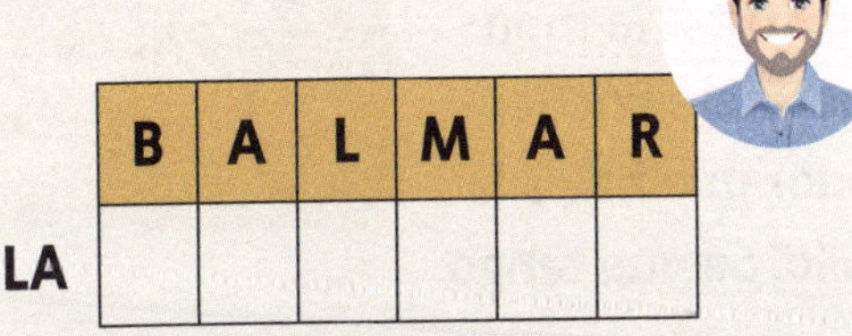

El castillo de Montjuic

¡Castillo! ¡Claro, tengo que subir al castillo de Montjuic! Miro de nuevo el reloj y pienso que hasta el anochecer no tengo mucho tiempo, pero sí suficiente para llegar a pie a mi nuevo destino. Aunque tengo que subir la montaña, en media hora me encuentro ya en el mirador que hay a la entrada del castillo. Sé que tengo

?!

El castillo de Montjuic (kat. *Castell de Montjuïc*) ist eine Festung, die auf dem Gipfel des gleichnamigen Berges liegt. Sie ist ein beliebtes Ausflugsziel, da die Aussicht auf Barcelona von dort aus atemberaubend ist.

que cruzar un puente para **acceder** a la entrada principal, pero entonces veo en el **horario** que cierran a las ocho de la tarde. **Lamentablemente**, mi reloj muestra que ya son las ocho y tres.

Estoy en el castillo y todavía no es de noche, pero pienso que quizás ya es demasiado tarde, porque no puedo entrar... ¿Significa eso que no voy a volver a ver a Mireia? ¿Es esto el fin del juego? ¿Está su vida en peligro?

Muy nervioso, me siento en un pequeño muro y me llevo las manos a la cabeza, casi con ganas de llorar... Estoy muy cansado, miro al **suelo**, mientras meto los dedos entre el pelo.

De pronto, aparece un taxi de Barcelona, con sus colores característicos, amarillo y negro, y un taxista con bigote de unos sesenta años se baja del coche y mientras mira a derecha e izquierda, grita a todo volumen:

—¡Servicio de taxi para el señor Teo Balmar!

Me levanto rápido y hago un gesto con mi mano derecha:

—¡Yo, yo... soy yo!

—¿Es usted Teo Balmar? Pues venga, vamos...

—¿Cómo? ¿Adónde? Yo... —le digo bastante confundido.

—A su hotel, por supuesto. El servicio ya está pagado, pero tiene que decirme el nombre...

acceder .... gelangen
horario *m* .... *hier:* Öffnungszeiten
lamentablemente .... leider
suelo *m* .... Boden

—¿De mi hotel?

—Pues claro, hombre. Mi información es que el hotel se llama como el animal que se puede ver en una imagen que tiene usted de Barcelona...

—Una imagen que yo tengo de Barcelona... ¿Pero qué me está contando? No sé de qué imagen me está hablando...

—No sé. Un póster con palmeras y la Sagrada Familia o algo así, creo... Recogemos rápidamente su maleta de la consigna en la plaza de Cataluña y después lo dejo en su hotel para dormir pronto. Mañana estoy allí a las nueve de la mañana y lo recojo de nuevo.

—¿Qué? ¿Mañana a las nueve? Pero yo no... No puede ser... Es que mi novia...

—Por favor... Yo solo hago mi trabajo. Este es mi último servicio del día y quiero llegar ya a casa. Simplemente necesito saber el nombre de su hotel.

Durante unos segundos pienso en silencio, porque sí recuerdo ver una imagen así... ¿pero dónde?

Sé que tengo que encontrar ese animal en ese póster, pero... ¿dónde está esa imagen?

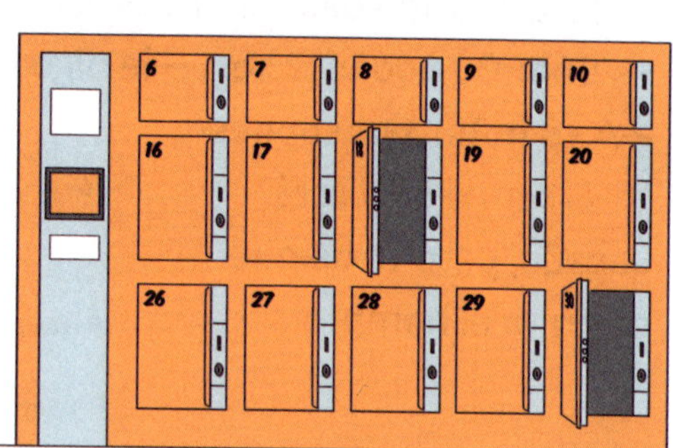

Un hotel con nombre de animal

Finde das gesuchte Tier und seinen Namen, damit der Taxifahrer Teo in das richtige Hotel bringen kann.

Lösung:
Der Name des Hotels lautet
HOTEL LA ☐☐☐☐☐☐☐.

Das Abbild des Tiers weist dir den Weg zum nächsten Kapitel.

Tras los pasos de Gaudí

Gracias a las pistas del texto y al jeroglífico, no tengo dudas. Mi nuevo destino es el templo de la Sagrada Familia, uno de los monumentos con más visitantes al

año en toda España.
Doy las gracias al camarero y me despido sin perder más tiempo.
Camino por el paseo de Gracia hasta otro edificio de Gaudí, la Casa Milà, más conocida como «La Pedrera», y allí giro a la derecha para seguir todo recto por la calle de Provenza hasta la Sagrada Familia.
Ya desde la distancia, la enorme **basílica** me impresiona.
Busco alguna pista para saber a qué lugar concreto de la iglesia tengo que ir. Entonces leo la nota de nuevo. Aunque allí se describe el «lugar donde descansa el

tras .... *hier:* auf; hinter
basílica *f* .... Basilika
tumba *f* .... Grab
referencia *f* .... Hinweis, Anspielung

ARQUITECTO DE DIOS bajo la protección FAMILIAR», o sea, la **tumba** de Gaudí, adivino que yo debo ir a otro lugar. En la nota pone que allí me «espera un CUADRADO MÁGICO y que con PASIÓN e inteligencia» puedo continuar el juego. Veo claramente que tengo que buscar la fachada de la Pasión y el cuadrado mágico. Todavía recuerdo la sensación de sorpresa al ver este inteligente juego de Gaudí en mi visita escolar a Barcelona. Miro el cuadrado de nuevo y compruebo que los números de las filas, columnas y diagonales suman siempre la misma cifra, el número 33, posiblemente en **referencia** a la edad de Jesucristo en el momento de su muerte.

Observo el cuadrado mágico en detalle pero no veo más información relevante. Después de unos minutos, allí no pasa nada. Nadie me habla o me entrega una nota, nadie me da una pista para seguir. Dudo y no comprendo qué pasa. Me pregunto si hay un error, si no estoy en el lugar correcto y digo en voz alta:

—¿Y ahora qué?

Justo en ese momento recibo en mi móvil un mensaje de audio con una voz metálica y artificial:

¡Bravo, Teo! Lo estás haciendo muy bien. Si todo continúa así, vas a poder ver a Mireia muy pronto. Ya estás más cerca. Y recuerda que por su seguridad, no debes hablar con la policía.
Delante de ti, a la derecha del cuadrado mágico, tienes la escultura del beso de Judas. Ahí, si te fijas bien, vas a encontrar a un animal que comparte la primera letra con otro animal muy popular entre la población local. En otro lugar de Barcelona debes subir hasta el punto donde se encuentra ese colorido guardián para luego disfrutar de las vistas sobre toda la ciudad.
Si todavía no sabes adónde debes ir, busca en la sopa de letras que te envío a tu móvil los ocho colores y forma con el resto de las letras el nombre de tu próximo destino.
¡Mucha suerte!

Nervioso, porque está claro que me están vigilando, me giro, pero solo veo turistas con sus cámaras o móviles. Nada raro. Entonces mi móvil vibra de nuevo.

escultura *f* .... Skulptur
fijarse .... *hier:* hinschauen; aufpassen
girarse .... sich umdrehen

Una sopa de letras con colores

Finde waagerecht und senkrecht acht Farben im Buchstabengitter. Notiere dann die übrig gebliebenen Buchstaben von links nach rechts.

V	I	O	L	E	T	A	P
A	R	Q	I	U	R	E	G
A	Z	U	L	Ü	O	E	G
N	A	R	A	N	J	A	R
B	L	A	N	C	O	L	I
L	M	A	R	R	Ó	N	S

Lösung:

EL

Nur nicht aus der Puste kommen! Auf geht's zum nächsten Kapitel!

Tibidabo

A veces la solución no está en el centro, si no en el lugar que nuestros ojos no ven... ¡En los márgenes!
Leo la palabra «Tibidabo» en el marco del cuadro y salgo inmediatamente del museo. Busco a Enric entre los coches **aparcados** delante de la fundación y lo veo **apoyado** sobre su taxi, con un cigarrillo en la boca.
—¡Rápido, nos vamos!
—¿Ya? A usted no le gustan las visitas largas, ¿eh? —me pregunta con ironía.

—Vamos al monte Tibidabo. Allí está el parque de atracciones, ¿no? —le pregunto, ignorando su comentario.

—Así es, y también el templo del Sagrado Corazón. Las vistas sobre la ciudad son realmente espectaculares.

Tardamos casi cuarenta minutos en cruzar Barcelona y cuando nos acercamos ya puedo comprobar que Enric tiene razón. Desde allí arriba se puede ver toda la ciudad y las vistas son impresionantes.

?!

El templo del Sagrado Corazón **(kat.** ***temple del Sagrat Cor*****) befindet sich auf dem Gipfel des Bergs Tibidabo und erinnert sowohl im Stil als auch im Namen an die Basilika Sacré-Cœur im Pariser Stadtteil Montmartre.**

aparcar .... parken
apoyar.............................. lehnen

Al llegar, mi taxista **particular** me comunica que allí termina su servicio, **según** la información que acaba de recibir en un mensaje. Me despido de Enric con una propina generosa y le doy las gracias, aunque sé que no voy a **echar de menos** sus **charlas**.

Mientras estoy pensando en cómo voy a volver al centro, ya veo que hay un **funicular** que sube y baja desde el Tibidabo a la ciudad. Camino sin saber muy bien si tengo que ir al parque de atracciones o al templo del Sagrado Corazón, cuando de repente veo a Mireia, ya en la última escalera y a punto de entrar en la iglesia. Nervioso, grito su nombre y corro hasta la entrada del templo, pero justo en el momento de entrar, las dos puertas se cierran ante mí. Todavía no es la hora de cerrar, así que las golpeo con los **puños**, mientras grito el nombre de mi novia.

Entonces, de repente, dos hombres abren **ambas** puertas. Los dos llevan ropa de **monjes**, uno de color blanco y otro de color marrón, y cubren sus cabezas con unas capuchas que casi no dejan ver sus caras.

particular .... privat, persönlich
según .... nach, laut
echar de menos .... vermissen
charla *f* .... Geplauder
funicular *m* .... Seilbahn
puño *m* .... Faust
ambos/-as .... beide
monje *m* .... Mönch

alterno/-a .... abwechselnd
¡Enhorabuena! .... Gratuliere!
regreso *m* .... Rückkehr
mentir *(e > ie) irr* .... lügen

Muy sorprendido, doy un paso hacia atrás y los escucho, mientras hablan en modo **alterno**, ya que uno completa las frases del otro.

—¡**Enhorabuena**, Teo! Ya estás en la prueba final…

—… para poder ver de nuevo a Mireia, solo tienes que superar el último acertijo con éxito…

—… porque tu novia se encuentra en el interior del templo.

Todavía en shock y muy nervioso, les pregunto qué debo hacer. Una vez más, los dos monjes completan sus propias frases para responder a mi pregunta.

—El juego final es muy simple. Ya ves que hay dos puertas para entrar en el templo…

—… una de ellas te lleva a Mireia, la otra puerta significa el final del juego y tu **regreso** inmediato a tu casa.

—Para saber qué puerta debes tomar, solo puedes hacer una pregunta a uno de nosotros. O sea, o me preguntas a mí o le preguntas a mi hermano.

—Efectivamente, y tienes que saber que uno de nosotros siempre dice la verdad, el otro siempre **miente**.

—Y recuerda, solo tienes una oportunidad para saber cuál es la puerta correcta…

—... la puerta que te lleva al interior del Sagrado Corazón y que abre tu camino a la felicidad con tu chica. Con mi corazón a más de ciento cincuenta **pulsaciones** por minuto, intento pensar tranquilo y recordar, porque sé que conozco un acertijo similar de algún libro o alguna película de mi juventud.

Mientras pienso, repito en voz alta para mí las reglas: Solo puedo hacer una pregunta a uno de los monjes. Uno de ellos siempre dice la verdad, el otro siempre miente. Por eso es muy importante pensar en la pregunta adecuada...

¿Qué debo preguntar exactamente? ¿Cuál es la clave de este acertijo?

pulsación *f*......................Herzschlag

Elegir la puerta correcta

Finde heraus, welche Tür zu Mireia führt, indem du die korrekt formulierte Frage ankreuzt. Du darfst einem Mönch deiner Wahl nur eine einzige Frage stellen. Denk daran, dass einer der beiden Mönche immer die Wahrheit sagt und der andere immer lügt.

- ☐ Bist du der Mönch, der immer die Wahrheit sagt?
- ☐ Welche Tür ist die richtige Tür?
- ☐ Welche Tür würde mir der andere Mönch nennen, wenn ich ihn nach der korrekten Tür frage?
- ☐ Bist du der Mönch, der immer lügt?
- ☐ Welche Tür ist die falsche Tür?

Endspurt! Auf zum Kapitel, das über Mireias Schicksal entscheidet.

La Rambla

Corriendo, salgo del aeropuerto y grito mientras levanto la mano:

—¡Taxi!

Entro en el taxi con mi maleta en la mano y le digo un poco nervioso al conductor:

—¡Por favor, rápido, a La Rambla!

El taxista me mira y solo me pregunta:

—La Rambla no solo es la calle más famosa de Barcelona, sino también uno de los **paseos** más largos de la ciudad y tiene 1,2 kilómetros de largo. ¿Adónde quiere ir usted concretamente? ¿A la parte alta, junto a la plaza de Cataluña? ¿O a la parte baja, ya en el puerto antiguo?

Recuerdo pasear por esa enorme calle en mis años escolares, pero no sé a qué

paseo *m* .... Straße, Allee; Spaziergang
tardar .... dauern
destino *m* .... Ziel
propina *f* .... Trinkgeld
rosa *f* de los vientos ..... Windrose
servicio *m* de consigna .... Schließfachservice

punto de la calle tengo que ir. Pienso durante un segundo y decido que es mejor bajar que subir, así que le digo al taxista:

—¡Al principio de la calle, por favor, a la plaza de Cataluña!

Im Zentrum Barcelonas befindet sich *la plaza de Cataluña* (kat. *plaça de Catalunya*). Der Platz verbindet die Altstadt *Ciudad Vieja* (kat. *Ciutat Vella*) mit der Neustadt, die *El Ensache* (kat. *Eixample*) genannt wird.

El taxi, de color negro y amarillo, como todos los de Barcelona, **tarda** poco más de quince minutos en llegar al **destino**. Pago rápidamente mientras ya busco a Mireia o a su secuestrador entre la gente que hay en la plaza.

—¡Merci! —grita el taxista en catalán para dar las gracias por la generosa **propina**.

Nadie con aspecto de secuestrador me mira y tampoco veo a mi novia entre los turistas que ya pasean sobre la

rosa de los vientos. Pero entonces recuerdo que el lugar no es la plaza, sino La Rambla. Allí mismo veo un local que ofrece **servicio de consigna** y decido dejar mi maleta. Tres minutos más tarde ya camino solo con mi mochila a la espalda por el paseo central y bajo la calle en **dirección** al puerto. Busco a Mireia entre los puestos de flores y los artistas que actúan en la calle o venden sus caricaturas o productos hechos a mano.

El paseo me encanta, pero estoy bastante nervioso, porque no veo a mi novia y el tiempo pasa. Ya es la una de la tarde cuando estoy más o menos en el medio del paseo, enfrente al mercado de la Boquería. **Es una pena** no poder entrar a comprar productos locales, una **butifarra** o un **fuet** catalán de primera calidad… pero lógicamente, ahora mismo solo quiero encontrar a Mireia.

?!

La Boquería heißt der zweitgrößte Markt Barcelonas. Er befindet sich ungefähr in der Mitte der Rambla und ist genau der richtige Ort, um frische Produkte aus der Umgebung zu kaufen oder lokale Spezialitäten zu probieren.

Continúo mi paseo, miro a la derecha y a la izquierda. A veces pienso que una persona me quiere decir algo, pero finalmente no es así…

Me pregunto qué lugar de La Rambla es el correcto. ¿A qué punto exacto tengo que ir? ¿Quién me puede **indicar** la dirección correcta?

Y entonces, cuando digo esta frase en mi cabeza, lo recuerdo. Al final de La Rambla, ya junto al puerto, hay una estatua muy grande de Cristóbal Colón, que indica con su dedo el camino hacia América... ¡Tiene que ser ahí! Corro los últimos metros de La Rambla y cuando llego a la estatua veo a un chico joven, sentado, que está tocando la guitarra. La gente **echa** monedas en un bolso que tiene delante de él. Cuando acaba de tocar una canción de Joan Manuel Serrat, levanta la cabeza y me mira.

—Tú eres Teo, ¿verdad? —me pregunta.

—¡Sí! —le contesto con **esperanza**—. ¿Tienes un mensaje para mí?

?!

Joan Manuel Serrat (*1943) ist ein in Barcelona geborener Liedermacher und Dichter, der in ganz Spanien und Hispanoamerika bekannt ist und sowohl auf Katalanisch als auch Spanisch singt.

dirección *f* .... Richtung
es una pena .... es ist schade
butifarra *f* .... *katalanische Wurstspezialität*
fuet *m* .... *katalanische Dauerwurst*
indicar .... (an)zeigen
echar .... werfen
esperanza *f* .... Hoffnung

Así es —me dice él mientras me da una nota y un aparato muy curioso, con forma de cilindro, que tiene diez filas con todas las letras del abecedario. Le doy las gracias al chico y camino unos **pasos** para leer el contenido de la hoja.

¡Bravo, Teo, primera prueba superada!
Si miras hacia arriba, puedes ver a Cristóbal Colón. En esta estatua, él parece señalar con el dedo la dirección de su ruta. Solo hay un pequeño problema, ya que América está justo en el sentido contrario.
Ahora tú debes buscar en la dirección correcta. Si con la ayuda de esta tabla logras encontrar la palabra correcta para abrir este criptex, vas a llegar a un lugar muy popular de Barcelona.

E4	M5	M10	A2	G7	A6	R3	M1	U9	N8

?!

El cryptex (Kryptex) ist ein zylinderförmiges Behältnis aus Metall, in dem man geheime Nachrichten verstecken kann. Das Kryptex ist mit einem Code gesichert, den man kennen muss, um es zu öffnen.

paso *m* .... Schritt
prueba *f* .... Prüfung
superado/-a .... bestanden
sentido *m* .... Richtung

Números y letras

Entschlüssle den Code und finde den Namen eines Ortes, der bei Touristen wegen seiner Lage besonders beliebt ist.

M	N	O	P	Q	R	S	T	U	V
Q	R	S	T	U	V	W	X	Y	Z
?	?	?	?	?	?	?	?	?	?
A	B	C	D	E	F	G	H	I	J
E	F	G	H	I	J	K	L	M	N
I	J	K	L	M	N	O	P	Q	R
M	N	O	P	Q	R	S	T	U	V
Q	R	S	T	U	V	W	X	Y	Z

Lösung:

Mal sehen, was im Inneren des Kryptex verborgen ist. Finde es heraus, indem du das Kapitel suchst, das genauso heißt wie das Lösungswort.

En el centro del corazón

Pienso unos segundos y recuerdo por fin este juego, un clásico entre este tipo de acertijos. Solo tengo que hacer esta pregunta a uno de los monjes:

—¿Qué puerta me va a indicar el otro monje si le pregunto cuál es la puerta correcta?

A esta pregunta, los dos van a indicar la puerta falsa, esto es, yo debo tomar siempre la otra puerta.

Si pregunto al monje que siempre dice la verdad, él va a responder así: «El otro hermano va a decir que tú debes entrar por (la puerta falsa)».

Si pregunto al monje que miente, él también va a responder así: «El otro hermano va a decir que tú debes entrar por (la puerta falsa)».

Le pregunto al monje con la ropa blanca. Después de un **intercambio** de miradas entre los dos monjes y un silencio **tenso**, decido entrar por la puerta que él no me indica. Los dos hombres dan un paso a un lado y yo, nervioso pero seguro de mi **elección**, abro la otra puerta. Mis ojos necesitan unos segundos para adaptarse a la **oscuridad** del

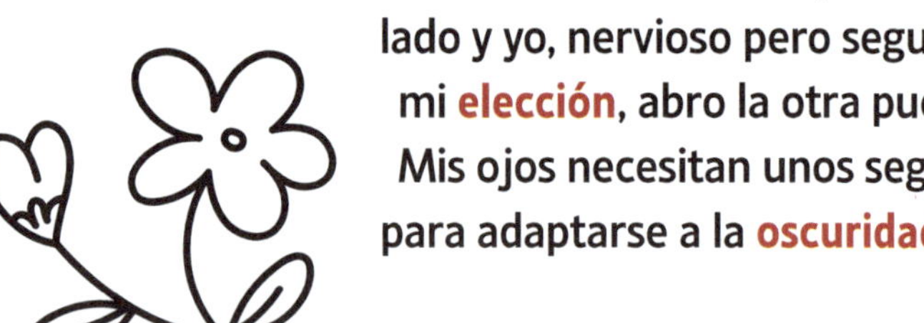

interior de la iglesia. Camino por el pasillo central del Sagrado Corazón, y allí por fin puedo ver a Mireia, que me espera con los brazos abiertos. Corro hacia ella y le doy un abrazo enorme y un beso. ¡Por fin estamos juntos de nuevo!

—¿Estás bien? —le pregunto, aunque veo que está más guapa que nunca.

—Perfectamente —me dice con una sonrisa **malvada**. De repente, mientras todavía la tengo entre mis brazos, escucho aplausos al fondo de la iglesia. De la oscuridad sale entonces un hombre de unos cuarenta años, con barba. Está solo y aplaude mientras camina hacia nosotros. Nos mira y sonríe. Me pongo de nuevo un poco nervioso y voy a preguntarle a Mireia si ese hombre es el secuestrador, cuando él mismo responde ya a esa pregunta:

—¡Enhorabuena, Teo! Eres un jugador excelente. Te **felicito**, porque además de encontrar a Mireia, está claro que eres el hombre correcto para nuestro proyecto.

intercambio *m* .... Austausch
tenso/-a .... angespannt
elección *f* .... Wahl
oscuridad *f* .... Dunkelheit, Finsternis
malvado/-a .... bösartig
felicitar .... gratulieren

divertirse .... sich amüsieren
cariño .... *hier:* Schatz
víctima *f* .... Opfer
nervio *m* .... *hier:* Aufregung
complicidad *f* .... Mitwisserschaft
a pesar de .... obwohl
permitir .... erlauben
desde luego .... zweifelsohne, selbstverständlich
estupendo/-a .... wunderbar

Todavía sin entender muy bien la situación, miro a mi novia, que sonríe y **se divierte** con mi cara de sorpresa.
—¡Bravo, **cariño**! Gracias a este juego, tienes una visión perfecta de los lugares más importantes de la ciudad. En menos de cuarenta y ocho horas tienes un concepto global de Barcelona, algo que vas a necesitar para tu nuevo libro. Te presento a Marc Soler, el editor de tu próximo proyecto.
Miro a Mireia y al señor Soler, que me da la mano para saludarme mientras yo, poco a poco, coloco todas las piezas del puzle en mi cabeza.
Mi novia me mira de nuevo y yo comprendo definitivamente que soy la **víctima** de un juego. Un juego divertido y gracias al que ahora puedo ver Barcelona de un modo diferente. Está claro que todavía no conozco bien esta ciudad, pero tengo una buena base para moverme por ella. Conozco sus lugares más importantes. Y tengo más ganas que nunca de volver a casi todos ellos. Quiero visitar de nuevo cada museo y cada esquina, dis-

frutar con tiempo y sin **nervios** de todos los lugares de esta fantástica ciudad. Y si es con Mireia, mucho mejor todavía.

Le doy la mano al señor Soler, mientras veo como los dos me miran de nuevo con una sonrisa de **complicidad**.

—**A pesar de** los nervios, tengo que reconocer que el juego de la desaparición de Mireia me **permite** ahora ver esta ciudad desde una nueva perspectiva. Y tengo muchas ganas de empezar ya ese proyecto. Escribir un libro para su editorial me hace de verdad mucha ilusión.

—**Desde luego**, ahora está claro que tú eres el autor perfecto para escribirlo. Y estoy completamente seguro de que va a ser un gran éxito.

Miro a Mireia y entonces lo sé. Barcelona es una ciudad **estupenda**. Aquí todo a va ser un éxito. El libro también.

Próxima parada

La *plaza de toros* (Stierkampfarena) gehörte landesweit zur Lebenswelt vieler Gemeinden. Heute fungiert *la Plaza de Toros de las Arenas* als Einkaufszentrum. Stierkämpfe sind in Katalonien nämlich verboten.

Después de nueve paradas en poco más de un cuarto de hora, llego a mi destino, Espanya, como se puede leer en los carteles de la estación. Subo las escaleras hasta la plaza de España. Ya en la calle veo una fuente en el medio de una **rotonda** y delante de mí una plaza de toros, además de dos torres al principio de una avenida.
Al fondo veo un edificio enorme y leo en los carteles que es el Palacio Nacional, situado en la montaña de Montjuic.
Aunque todavía no estoy seguro adónde debo ir, empiezo a caminar mientras espero alguna señal. Sé que si continúo por la avenida en esa dirección voy a llegar a la fuente mágica de Montjuic, que todavía recuerdo impresionado por el espectáculo de luz desde mi visita escolar.

Miro el móvil pero no tengo mensajes ni **llama-**

parada *f*	Halt, Haltestelle
rotonda *f*	Kreisverkehr
llamada *f* **perdida**	verpasster Anruf
venga	Komm!, Kommen Sie!
baraja *f* **española**	spanische Spielkarten

das perdidas. Después de todo el día de aquí para allá, estoy bastante cansado, pero sé que tengo que seguir para encontrar por fin a Mireia.

Camino mientras escucho las gaviotas que vuelan sobre mí. Paso al lado de la fuente, pero no veo nada especial y subo las escaleras hacia el palacio. Ya es tarde, pero todavía hay bastante gente, también algunos artistas que pintan y músicos que dan al lugar un ambiente muy agradable.

Y entonces, desde una esquina, escucho que me llaman:

—¡Amigo, amigo! Por favor, **venga** usted un momento.

Un chico de unos quince o dieciséis años, de pie detrás de una mesa de plástico, me hace gestos con la mano.

—¿Me conoces? —le pregunto.

—Venga, venga... Tengo un juego para usted. Usted conoce las cartas de la **baraja española**, ¿ver-

?!

La baraja española ist ein weit verbreitetes spanisches Kartenspiel, das in der Regel aus 40 oder 48 *cartas* (Karten) und aus vier *palos* (Symbole) besteht. Diese heißen *oros* (Münzen), *espadas* (Schwerter), *copas* (Kelche) und *bastos* (Stäbe). Die Karten gehen von As bis König. Die Figuren heißen *sota* (Bube), *caballo* (≈ Dame) und *rey* (König).

dad? —me dice mientras pone sobre la mesa cuatro cartas. Inmediatamente comprendo que el chico piensa que solo soy un turista a quien puede hacer un **truco** para **conseguir** un par de euros y me doy la vuelta...

—No me interesa, gracias.

—¡Sí que le interesa, señor Balmar! —me dice el chico para mi sorpresa.

—¿Cómo sabes mi nombre?

—Eso ahora da igual. Usted no tiene tiempo que perder, solo tiene que ver este juego con las cartas de la baraja española para saber adónde tiene que llegar antes del **anochecer**.

Miro el reloj y pienso que no tengo mucho tiempo, quizás un poco más de una hora.

Entonces el chico me muestra un cartel bastante grande, con el alfabeto y algunas cartas de la baraja, que miro con atención.

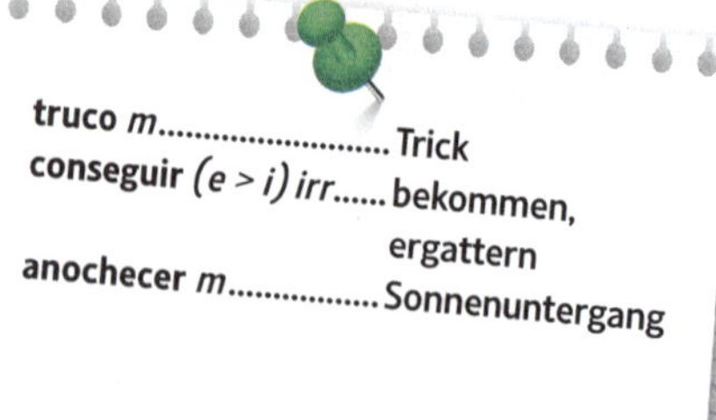

truco *m*.......................... Trick
conseguir *(e > i) irr*...... bekommen, ergattern
anochecer *m*................. Sonnenuntergang

Un código secreto en las cartas españolas

Entschlüssle mithilfe des Alphabets und der Spielkarten den geheimnisvollen Code.

ABCDEFGHIJKLM NOPQRSTUVWXYZ

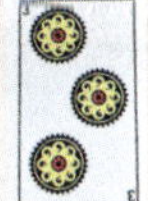

Lösung:

EL 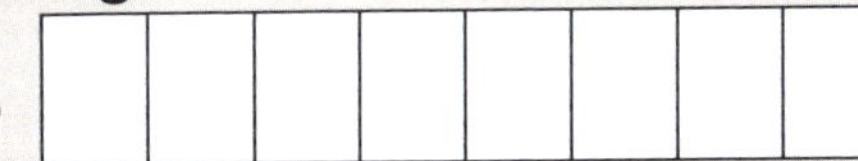

Finde das Lösungswort im Titel des Kapitels, mit dem es weitergeht.

Maremagnum

Aunque primero pienso que la combinación de letras y números de la tabla son coordenadas, no necesito mucho tiempo para comprender el mecanismo del criptex. **Coloco** las letras en el orden correcto, entonces escucho un clac y de repente el objeto se abre. En el interior veo una fotografía del Maremagnum que casi puedo ver desde donde estoy.

?!

Maremagnum heißt ein markantes Einkaufs- und Freizeitzentrum im alten Hafenbecken von Barcelona. Es ist über eine hölzerne Promenade zu erreichen.

Solo se tarda poco más de cinco minutos en llegar desde la estatua de Colón hasta el gran edificio **a través de** un espectacular puente móvil. En toda la plataforma, además de bastantes gaviotas,

colocar............................(an)ordnen, (an)bringen
a través de......................durch
acertijo *m*......................Rätsel
ser aficionado/-a..........sich für etwas begeistern
broma *f*..........................Scherz, Spaß
golpear ....schlagen
cartera *f*........................Brieftasche
ladrón *m* / ladrona *f*.... Dieb(in)
despistado/-a................unaufmerksam, zerstreut

hay muchos turistas, y no me sorprende, porque las vistas sobre el puerto son geniales. También hay un centro comercial enorme, con tiendas, salas de cine, restaurantes...Y de nuevo tengo un problema: ¿dónde debo buscar yo ahora?

Los **acertijos** me encantan y **soy aficionado a** estos juegos, pero todo esto es diferente. Esto es algo serio, no es una **broma**, y no me gusta. ¿Dónde está Mireia? ¿Está en Barcelona o todavía sigue en Colombia? Llamo de nuevo a mi novia al móvil, pero en realidad ya sé que no va a contestar.

«El número al que llama está apagado o...».

No escucho el mensaje hasta el final y empiezo a estar nervioso de verdad.

Entonces, una chica pasa a mi lado en una bicicleta y me **golpea** en el brazo. En un primer momento miro si todavía tengo mi **cartera** y mi móvil en la mochila. Sé que en todas las grandes ciudades hay muchos **ladrones** preparados para robar a los turistas **despistados**.

Pero mientras **compruebo** que tengo todas mis cosas, veo que la chica me hace un gesto con la mano. Entonces **se para** y se baja de la bicicleta a unos sesenta o setenta metros de mí. Me mira y deja sobre un banco una caja o paquete que no puedo ver bien. Desde esa distancia, y aunque casi no puedo escucharla, me dice, antes de irse de nuevo muy rápido en su bici:

—¡Es para ti!

Solo necesito unos segundos para llegar al banco, pero ella ya está muy lejos y desaparece con su bici entre los turistas que van al centro comercial.

?!

El juego de la oca (Gänsespiel) ist ein traditionelles und in Europa weit verbreitetes Brettspiel. Das Ziel der Spielenden ist der Gänsegarten in der Mitte des Spielbretts

Cuando veo que sobre el banco hay un juego de la oca, estoy completamente confuso. Aunque estamos en septiembre, hace bastante calor. Estoy **sudando**, pero está claro que no es solo por la temperatura. ¿Qué es esto? ¿Tengo que jugar

comprobar *(o > ue) irr* überprüfen, beweisen
pararse .... anhalten
sudar .... schwitzen
tablero *m* .... Spielbrett
leyenda *f* .... Legende, Sage
patio *m* .... Innenhof
ecuación *f* .... Gleichung

ahora a la oca para encontrar a Mireia? No entiendo muy bien qué tengo que hacer, cuando de pronto recibo un mensaje en mi móvil. Miro con la esperanza de leer el nombre de mi novia en la pantalla, pero me encuentro con un SMS de un número desconocido.

Como puedes ver en el tablero, hay muchas ocas. Si sigues tu camino por el barrio Gótico, a través de la plaza de San Jaime, vas a llegar al lugar donde ellas viven. Allí continúa tu juego.

Aunque no conozco muy bien Barcelona, sé que el barrio Gótico no está lejos y recuerdo esa plaza en la ciudad vieja... Y claro, la **leyenda** de Santa Eulalia y las ocas que viven... ¡en el **patio** de la catedral!
Mientras pienso esto y ya corro por las calles del barrio Gótico, recibo otro SMS.

?!

La plaza de San Jaime (kat. *plaça de Sant Jaume*) liegt in *el barrio Gótico* (kat. *barri Gòtic*) in der Altstadt und zählt zu einem der ältesten Plätze in Barcelona. Dort befinden sich das Rathaus der Stadt und der Palast der katalanischen Regierung.

Si le dices al guardián de la puerta el número exacto de ocas que hay, puedes continuar con sus instrucciones. Para saber la cifra correcta, solo tienes que recordar bien las reglas matemáticas y saber el resultado de esta ecuación...

Solucionar una ecuación

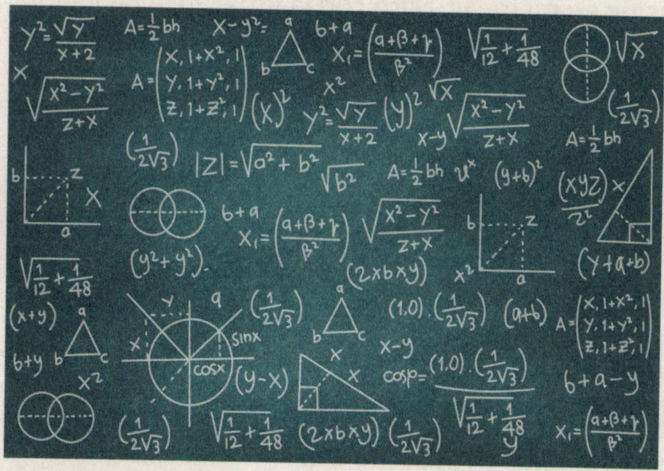

Löse die Gleichung und denke dabei an eine wichtige Regel aus der Mathematik.

$$(2 + 3) \cdot 2 + 9 : 3 = ?$$

Lösung: 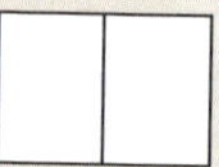

Hast du richtig gerechnet? Dann weist dir die ausgeschriebene Zahl den Weg zum nächsten Kapitel.

La Fundación Joan Miró

—¡Enric, vamos, rápido! Ya sé a dónde tenemos que ir ahora.
—Pero... ¿tan pronto? —me pregunta el taxista bastante sorprendido.
—¿Está muy lejos de aquí el museo de Miró?
—¿Eh? Usted quiere decir la Fundación Joan Miró... A esta hora no necesitamos mucho más de un cuarto de hora.
—¡Pues venga, vamos! —le digo a Enric ya con un pie en el taxi.

?!

Joan Miró (1893-1983) war ein katalanischer Maler und Bildhauer. Die Arbeiten des Pioniers der Moderne sind vor allem für seine experimentellen Kombinationen voller spielerischer Formen und Figuren bekannt.

charlar .... plaudern
arte *m*
contemporáneo .... zeitgenössische Kunst
reconocer
(reconozco) irr .... (wieder)erkennen
cuadro *m* .... Bild, Gemälde
devolver
(o > ue) irr .... *hier:* zurückholen

En los casi veinte minutos hasta llegar a nuestro destino, observo por la ventanilla la actividad de una ciudad muy viva, mientras mi taxista quiere **charlar** de nuevo sobre temas que no me interesan. Por suerte, Enric habla solo y no necesita mi opinión, esta vez sobre el tráfico de la ciudad.

Cuando llegamos, voy directamente a la entrada, donde un grupo de escolares está esperando con su profesor al lado de una escultura de bronce con forma humana, obra de Miró.

Ya son las once y cuarto de la mañana cuando estoy dentro del museo en el que, según el folleto informativo que recibo en la entrada, hay más de diez mil obras de **arte contemporáneo**.

Reconozco algunos de los **cuadros** más famosos del artista catalán y pienso una vez más en Mireia, porque a ella le encanta Miró.

La vibración de mi móvil me **devuelve** al mundo real y leo un mensaje que acabo de recibir.

¡Genial, Teo!
Ahora sí estás muy cerca de encontrar a Mireia. Ya sabes que en este museo hay obras de Joan Miró, pero también de otros artistas importantes.
En la pintura más importante de la exposición actual, de autor desconocido, está tu próximo destino.
Tú eres un hombre inteligente y sabes leer la realidad más allá de los **márgenes**. A veces es necesario **dar la vuelta** a algunas cosas para poder continuar y saber por dónde sigue nuestro camino.
¿Lo puedes ver? ¡Pues allí es!

Muy rápido, voy a la sala donde está la **exposición temporal** y miro con atención el cuadro más importante. En el folleto puedo leer que el autor es desconocido, pero está claro que sigue el estilo de Joan Miró. Por esa razón seguramente es una obra de uno de sus **aprendices**. Intento buscar un significado en los ojos y en las figuras que veo en la imagen, pero la verdad es que no entiendo nada. Leo de nuevo el mensaje de texto y es en ese momento cuando algo hace clic en mi cabeza…

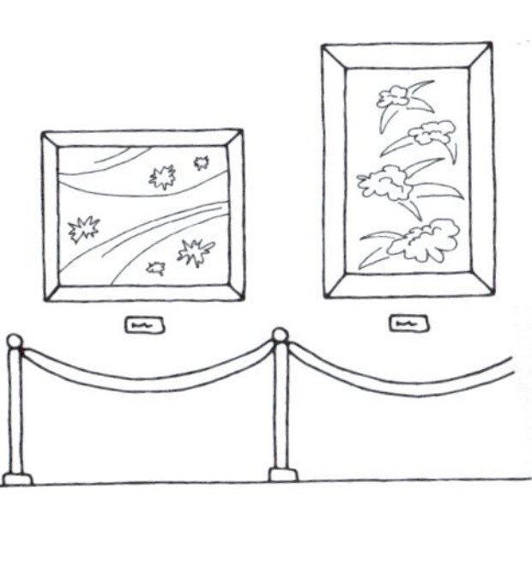

margen *m (márgenes pl)*.... Rand
dar *(doy) irr* **la vuelta**.......... umdrehen
exposición *f* **temporal**.......... temporäre Ausstellung
aprendiz/-a *m/f* *(aprendices m/pl)*................ Auszubildende(r)

Descubrir la palabra escondida

Schau dir das Bild an und finde das versteckte Wort, um zu wissen, wohin Teo sich als Nächstes begibt.

Lösung:

Jetzt aber Beeilung und schnell zum nächsten Kapitel!

El FC Barcelona, más que un club

—¡Ya lo tengo, Enric! ¡Vamos al estadio de fútbol, al Camp Nou! —le digo al taxista cuando por fin veo el nombre en el crucigrama.

—¿Es usted **aficionado** del FC Barcelona? Porque yo soy **socio** y siempre voy a ver los **partidos** en casa.

—La verdad es que a mí el fútbol no me interesa en absoluto...

—Pues el club tiene una historia muy interesante, es un símbolo para Cataluña y para el catalán, sobre todo por su importancia durante la dictadura de Franco.

—Lo sé, pero yo no tengo la cabeza ahora para esas cosas...

Mientras cruzamos la ciudad por la avenida Diagonal, Enric habla **sin parar** sobre fútbol y política, pero yo no lo escucho, porque estoy concentrado en la forma de encontrar de nuevo a Mireia. Cuando

aficionado/-a *m/f* ..... Fan, Liebhaber(in)
socio/-a *m/f* ..... Mitglied
partido *m* ..... Spiel
sin parar ..... ununterbrochen, pausenlos

por fin llegamos, quiero pagar el servicio, pero mi taxista privado me dice que ya está **arreglado**. Me comenta entonces que tiene **órdenes** de esperarme para llevarme a mi próximo destino, así que tengo claro que mi juego no termina allí.

Mientras yo voy a la puerta del museo del FC Barcelona, situado en el estadio, camino entre aficionados que hacen selfis con las enormes imágenes de sus ídolos al fondo.

En la **taquilla**, una chica con una camiseta azul y roja, los colores del **equipo**, me da la entrada y un **folleto** de publicidad con artículos deportivos del club.

Ya en el interior del museo, veo un montón de trofeos, camisetas e imágenes de las grandes victorias deportivas del equipo catalán. Aunque no me gusta el fútbol, pienso que ver allí un partido, con casi cien mil **espectadores**, puede ser una experiencia interesante.

arreglar .... regeln
orden *f* (*órdenes pl*) .... *hier:* Auftrag
taquilla *f* .... Kasse
equipo *m* .... Mannschaft
folleto *m* .... Boschüre
espectador/-a *m/f* .... Zuschauer(in)
casualidad *f* .... Zufall
obra *f* .... Werk
artista *m/f* .... Künstler(in)
letrero *m* .... Aufschrift, Schild

Entonces, de repente, me acuerdo del folleto de publicidad y lo miro con atención. ¡Pero qué tonto soy! Lógicamente, esa hoja de papel en mi mano no es **casualidad**. Y sí, por supuesto, cuando giro el folleto, ahí está el siguiente acertijo.

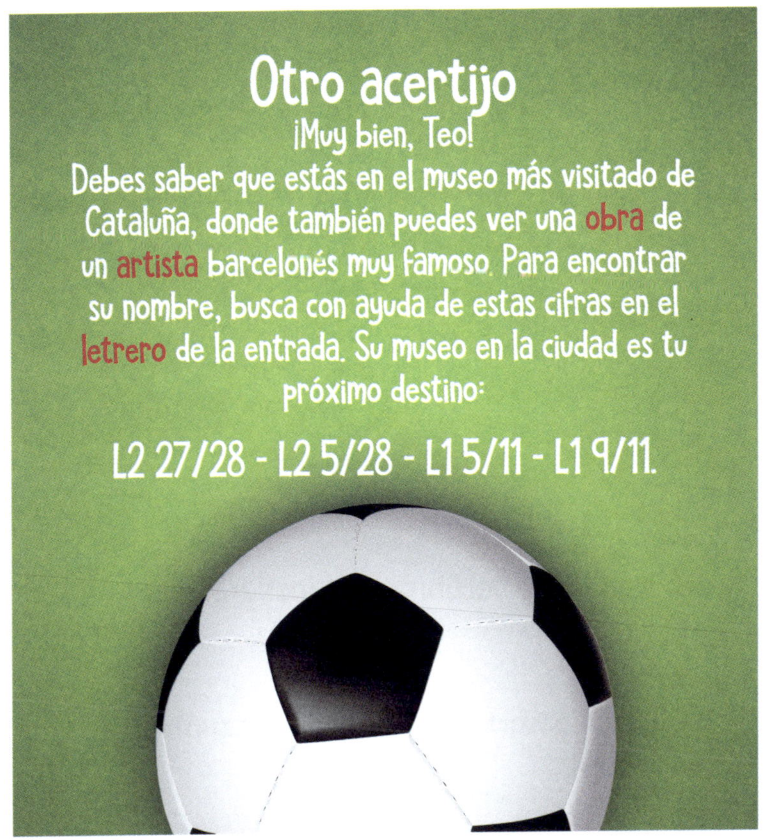

Descifrar el código

Entschlüssle den Code am Eingang des Stadions und finde den Namen eines berühmten katalanischen Künstlers.

Lösung:

Der Name des berühmten Künstlers ist

.

Das Lösungswort weist dir den Weg zum nächsten Kapitel.

El parque Güell

¡El parque Güell, por supuesto! Y allí, en ese parque público, en la parte alta de la ciudad, está la **escalinata** donde hay una **salamandra** (para otros es un **dragón**) que ya es un símbolo de Barcelona. Y claro, su nombre empieza con s, la primera letra también de la **serpiente** de la fachada de la Pasión.

Camino más o menos media hora para llegar a la entrada del parque, donde Gaudí presenta su visión de la naturaleza con su estilo característico y con mosaicos de muchos colores.

Después de comprobar que junto a la salamandra nadie me espera, subo las escaleras y busco un nuevo

escalinata *f* .... Freitreppe
salamandra *f* .... Salamander
dragón *m* .... Drache
serpiente *f* .... Schlange

mensaje, alguna información para finalizar ya este juego.
Aunque ya estoy un poco cansado y tengo ganas de encontrar por fin a Mireia, observo las fantásticas construcciones de Gaudí y **prometo** que si todo termina bien, voy a volver con ella para pasear por estos jardines y disfrutar de este lugar sin nervios. Desde el **mirador** de la plaza de la Naturaleza puedo ver casi toda la ciudad y pienso que Barcelona es realmente impresionante.

Abro mi mochila y saco una botella de agua para beber, porque aunque ya no es verano, a esa hora de la tarde todavía hace bastante calor. En ese momento alguien me habla y pienso que por fin voy a recibir la próxima pista.
—Perdona, ¿nos puedes hacer una

prometer .... versprechen
mirador *m* .... Aussichtspunkt
devolver *(o > ue) irr* .... zurückgeben
viaducto *m* .... Viadukt

foto, por favor? —me pregunta un turista japonés con una sonrisa enorme y un español perfecto.

Dejo un momento mis cosas en el banco para coger su móvil.

—Claro, no hay problema —respondo.

No soy un fotógrafo muy bueno, pero hago un par de fotos antes de **devolver** el teléfono a los dos turistas, que me dan las gracias también con un suave gesto de cabeza.

Cuando me giro para recoger mi mochila, veo que en el interior hay una postal con la imagen de la plaza de la Naturaleza y un plan del metro de Barcelona.

Miro a un lado y a otro, pero solo veo turistas que hacen selfis con sonrisas falsas que solo duran unos segundos en sus caras. La pareja de japoneses está ya a unos treinta metros del mirador y va hacia los **viaductos** del parque.

Giro la postal y, ahora sí, me encuentro con un nuevo acertijo que me indica cuál es mi siguiente destino en Barcelona.

¡Ya falta menos, Teo!
Como puedes ver, hoy en día vemos la realidad a través de nuestros móviles y no con nuestros ojos. Y también olvidamos la importancia de las palabras. Las letras del **teclado** de tu teléfono te indican tu próxima estación, nunca mejor dicho, porque para ir allí tienes que tomar la línea 3 del metro desde Lesseps.
Piensa en los antiguos SMS para saber tu próximo destino:
33-7777-7-2-66-999-2.
¡Allí te espero!

TEO BALMAR
Parque Güell
Barcelona

Yo todavía soy de la generación que todavía recuerda mandar SMS habitualmente y miro el teclado de mi móvil durante unos segundos mientras pienso ya en la solución del acertijo.

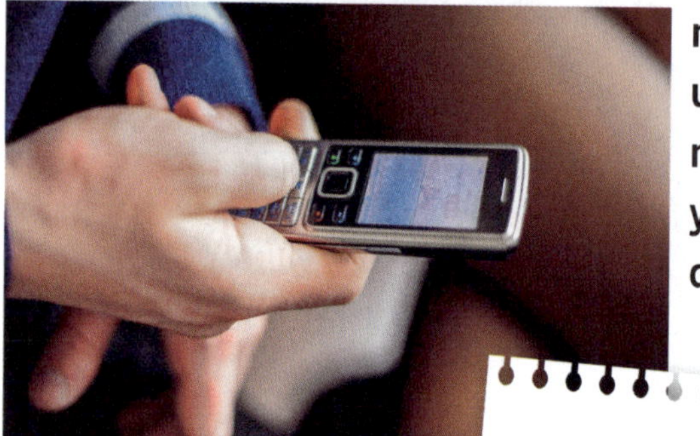

teclado *m* .... Tastatur

Escribir un SMS con números

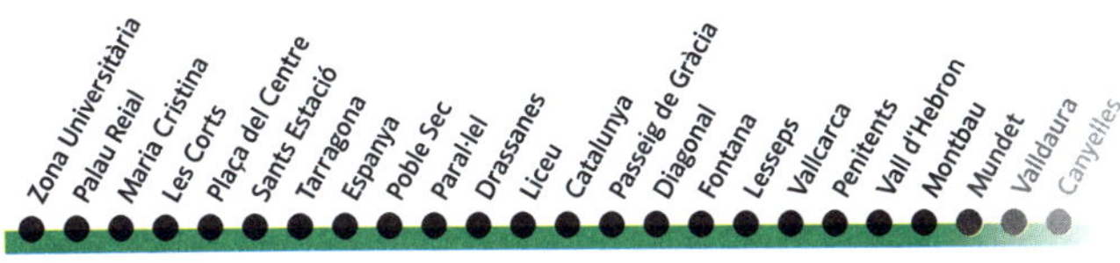

Finde mithilfe der angegebenen Zahlenkombination den Namen der Haltestelle der Linie 3 heraus, an der Teo aussteigen muss. Die Anzahl der Stationen, die er von Lesseps bis zu seinem Ziel fahren muss, multipliziert mit 4, plus 2, ergibt die Seite, auf der es weitergeht.

Lösung:
Die Haltestelle heißt ______________________.

Es geht weiter auf Seite 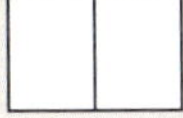. ¡Vamos!

Trece en un patio

Como en mis tiempos escolares, las Matemáticas no son tampoco hoy mi **punto fuerte**, pero calculo sin demasiados problemas la solución de la ecuación: 13.
Cuando llego a la catedral, pienso que ahora sé que en el patio de la catedral viven trece ocas, pero todavía no sé quién es el «guardián de la puerta». Por suerte, no necesito preguntar.
Aunque la **expresión** suena a libro de aventuras de la Edad Media, veo a un guardia de seguridad en la puerta, con su uniforme azul. Es un señor de unos sesenta años, un poco gordo y con la corbata demasiado larga. Tiene que ser ese, pienso mientras lo saludo.
—¡Hola, soy Teo Balmar! ¿Sabe dónde está Mireia? ¿O tiene usted algo para mí?
—Sí, bueno, no. Quiero decir... yo no sé quién es Mireia, pero tengo una dirección para usted. Pero solo si primero me dice cuántas ocas viven en el patio de la catedral —dice con una sonrisa.
—¡13, son trece!
—¡Correcto! Yo no sé a qué están jugando us-

punto *m* **fuerte**............. Stärke
expresión *f*..................... Ausdruck
tarjeta *f* **(de visita)**....... Visitenkarte

tedes, pero aquí tiene la **tarjeta** con la dirección donde su amigo lo está esperando.

—¿Mi amigo? ¿Qué amigo? —respondo mientras ya miro la tarjeta que tengo entre las manos.

La forquilla d´or

Passeig de Gràcia 64,
08007 Barcelona

+34 93 078 34 79

www.laforquillador.es

—¿Pues quién va a ser? El que está esperando para comer con usted en ese restaurante —responde el guardia de seguridad con una sonrisa, mientras seguramente piensa que todo es un juego entre amigos.

—Sí, claro, gracias, gracias...

Miro el reloj y veo que ya son las dos y cuarto de la tarde. Con los nervios, no tengo mucha hambre, pero realmente comer algo es una buena idea.

En Internet, veo que el paseo de Gracia no está lejos y que no necesito ir en metro. En poco más de cinco minutos ya estoy caminando por el principio de una avenida espectacular. Veo los nombres de

las marcas de lujo más importantes del mundo en las tiendas de moda y tengo claro que estoy en una de las calles más caras de toda la ciudad. También sé que aquí hay varias obras de Antoni Gaudí, y cuando paso al lado de la Casa Batlló, me impresionan las formas de la naturaleza que el arquitecto catalán muestra en su obra.

Por fin llego al restaurante, pero antes de entrar, me pregunto cuánto puede costar comer en un lugar así. En el momento de entrar, un camarero muy elegante me saluda:

—Usted es el señor Balmar, ¿verdad? ¡Bienvenido a nuestra casa!

Todavía sorprendido y sin decir palabra, el joven me muestra el comedor:

—Sabemos que no tiene mucho tiempo y su mesa ya está preparada. Y también tenemos su reserva: de primero una escalivada, arroz negro con calamares de segundo y crema catalana de postre

Con gran sorpresa me siento en una silla y miro a la derecha y a la izquierda para ver si viene otra persona, pero el camarero me deja claro que no voy a comer **acompañado**:

—Ya sabemos que quiere estar solo y tranquilo, por eso está usted en esta mesa, al fondo del comedor. Ahora traemos el primer plato.

Aunque no tengo con quien **brindar**, disfruto de una copa de vino excelente del Priorat y de una gran comida. Mientras pido la cuenta, imagino que el precio me va a dar tanto miedo como la **desaparición** de mi novia. Pero entonces, el camarero me sorprende de nuevo y me trae una cartera de **piel**:

—La cuenta ya está pagada, solo tiene que **firmar** esta nota, por favor.

Cuando leo la nota, comprendo que tengo sobre la mesa la **siguiente** prueba, con un texto lleno de **pistas**.

acompañado/-a .... in Begleitung
brindar .... anstoßen
desaparición *f* .... Verschwinden
piel *f* .... Leder
firmar .... unterschreiben
siguiente .... nächste(r, s)
pista *f* .... Hinweis, Spur

Pistas y un jeroglífico

Lies zunächst die Nachricht an Teo. Dort findest du in Großbuchstaben wichtige Hinweise, die im Zusammenhang mit dem nächsten Handlungsort stehen. Um ganz sicher zu gehen, löse das Bilderrätsel.

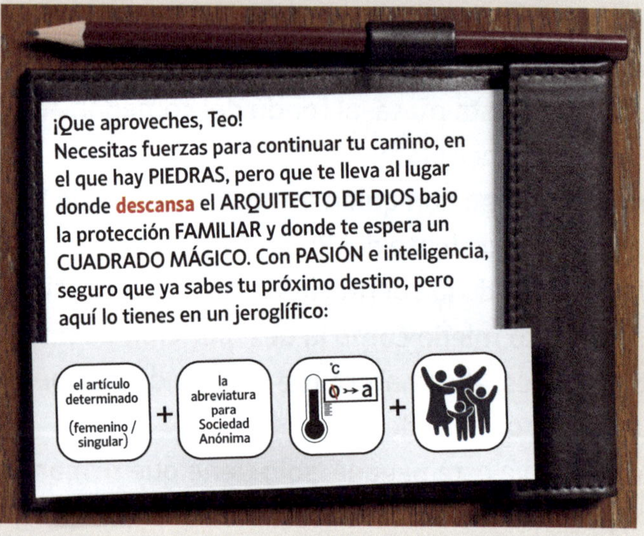

¡Que aproveches, Teo!
Necesitas fuerzas para continuar tu camino, en el que hay PIEDRAS, pero que te lleva al lugar donde **descansa** el ARQUITECTO DE DIOS bajo la protección FAMILIAR y donde te espera un CUADRADO MÁGICO. Con PASIÓN e inteligencia, seguro que ya sabes tu próximo destino, pero aquí lo tienes en un jeroglífico:

Lösung:

Augen auf! Das zum Lösungswort passende Bild weist dir den Weg zum nächsten Kapitel.

jeroglífico *m* .... Bilderrätsel
descansar .... (aus)ruhen

Un hotel de cinco estrellas

—¿Conoce usted el hotel La Gaviota? —le pregunto al taxista mientras cruzo los dedos.
—¡Pues claro! Es un hotel de cinco estrellas muy cerca de la Torre Glòries. Y ahora, por la noche, con luz, es espectacular. ¡Vamos para allá!

?!

La Torre Glòries zählt neben der *Sagrada Familia* zu den höchsten Gebäuden Barcelonas. Ganz besonders sticht der Turm durch seine Form und seine schillernde Fassade hervor.

Gracias a la foto en mi móvil del póster de promoción turística de Barcelona, por fin puedo irme a dormir, después de recoger mi maleta en la consigna. Ya en el hotel le pido al joven de la recepción algo para cenar en la habitación. Poco después recibo un sándwich de jamón y queso y un poco de fruta. Estoy tan **agotado** que solo quiero descansar. Aunque la situación es muy rara y pienso de nuevo en llamar a la policía, decido esperar un día más. Sé que el taxista va a estar a las nueve de la mañana delante del hotel y tomo una decisión: Si al día siguiente por la noche no sé nada de Mireia, el juego termina para mí. Me acuesto en la cama y unos minutos después estoy durmiendo como un bebé. Aunque creo que es muy raro, duermo realmente bien hasta que suena el teléfono de mi habitación.

—¿Señor Balmar? ¡Buenos días! Son las ocho de la mañana. Este es el servicio de despertador de la recepción del hotel. Puede desayunar en el comedor de la planta baja. A las nueve tiene un taxi delante de la puerta.

Todavía un poco dormido, me levanto y voy al cuarto de baño. Cuando salgo de la ducha, encuentro un sobre con mi nombre en el suelo, a pocos centímetros de la puerta. Lo abro inmediatamente y leo un mensaje para mí.

agotado/-a .... erschöpft
anterior .... vorige(r, s)
crucigrama *m* .... Kreuzworträtsel

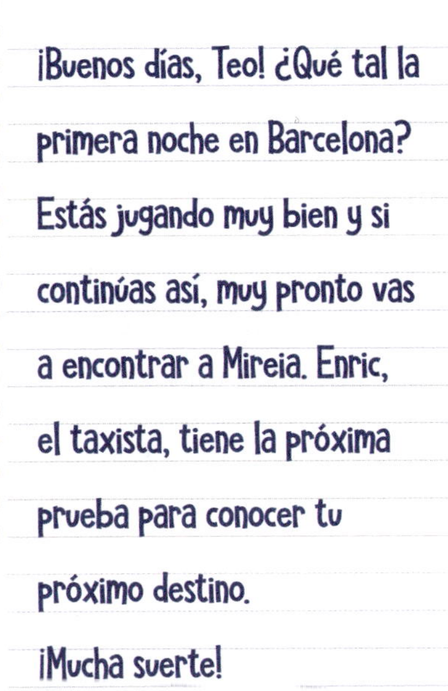

¡Buenos días, Teo! ¿Qué tal la primera noche en Barcelona? Estás jugando muy bien y si continúas así, muy pronto vas a encontrar a Mireia. Enric, el taxista, tiene la próxima prueba para conocer tu próximo destino.
¡Mucha suerte!

Después de una ducha y un desayuno completo, tengo energía suficiente para subirme al taxi que me espera en la entrada del hotel.
—¡Bon dia, señor Balmar! —me saluda el taxista del día **anterior**.
—¡Buenos días, Enric! Creo que tienes algo para mí, ¿no?
—Pues sí, tengo este sobre para usted —me dice mientras me da un sobre bastante grande.
Cuando lo abro, veo un **crucigrama** y entiendo que tengo ante mí el siguiente acertijo.

Un crucigrama con lugares turísticos de Barcelona

Vervollständige mithilfe der Bilder das Kreuzworträtsel und finde verschiedene touristische Orte der katalanischen Hauptstadt.

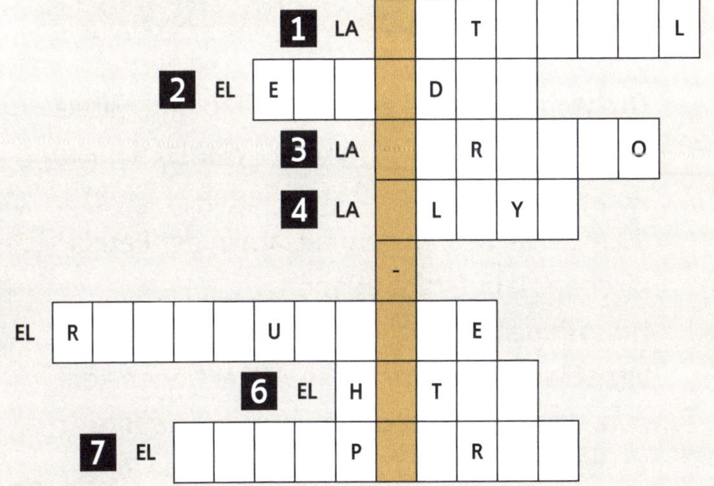

Suche das Abbild des Spielgeräts, das für diesen Ort unerlässlich ist, um herauszufinden, wo die Geschichte weitergeht.

Du hast alle Rätsel gelöst und Teo und Mireia sind wieder glücklich vereint? Was ist danach passiert? Auf den nächsten Seiten erfährst du, was die beiden gemeinsam in der katalanischen Hauptstadt erleben.
Hier findest du noch mehr Knobeleien und lernst weitere touristische Attraktionen kennen, die man in Barcelona besuchen sollte. Vielleicht planst du ja schon bald eine Reise dorhin, um deine Sprachkenntnisse zu testen? Viel Spaß!

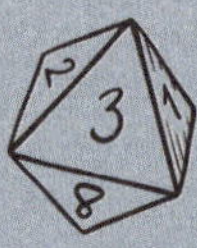

Destino final

Todavía tengo a Mireia entre mis brazos cuando escucho detrás de mí las palabras de Marc Soler:
—Chicos, ya es tarde. Tenemos que volver al centro de la ciudad y firmar el contrato para la publicación del libro. Mi secretaria nos está esperando con los documentos en las oficinas de la editorial.
Muy contentos, los tres salimos del templo del Sagrado Corazón, en el monte Tibidabo, y vamos al centro de la ciudad en el coche de mi nuevo editor.

?!

El Arco de Triunfo (kat. *Arc de Triomf*) wurde als Haupteingangstor für die Weltausstellung 1888 in Barcelona erbaut.

Es la hora de comer y en la ciudad hay bastante tráfico, así que tardamos casi una hora en llegar a nuestro destino. Durante el viaje, Mireia me cuenta que las oficinas de la editorial del señor Soler están muy cerca del Arco de Triunfo, no muy lejos de la estación del Norte.

Después de aparcar el coche, solo tenemos que caminar unos minutos hasta llegar al edificio donde se puede ver un cartel enorme con letras blancas sobre fondo azul: Editorial Soler.
Cuando subo las escaleras comprendo el significado de escribir un libro para una empresa tan importante.
Antes de entrar en una espectacular sala de reuniones, una secretaria muy simpática me saluda:
—¡Bienvenido, señor Balmar! Me alegro mucho de verlo a usted aquí con nosotros.
Doy las gracias y saludo también, con la agradable sorpresa al ver que el personal de la empresa ya sabe quién soy.

La reunión de media hora es más que suficiente para hablar de los últimos detalles, completar los datos personales y hacer pequeños cambios sin importancia en las cláusulas del contrato. Cuando ya estamos listos y yo estoy por fin preparado para firmar, la simpática secretaria nos dice:

—Señor Soler, todavía necesito unos minutos. Si ustedes quieren, podemos dejar la firma para después de la comida. Tienen ustedes una reserva de una mesa para tres personas en el restaurante de la esquina.

Mireia y yo nos miramos y el señor Soler nos comenta, mientras ya se levanta de la silla:

—Creo que es una idea excelente, porque además tenemos que celebrar el acuerdo para este proyecto.

Cuando ya nos levantamos Mireia y yo, la secretaria se acerca al señor Soler y le dice:

—Aquí tiene la nueva tarjeta de crédito de empresa. Y ya sabe, tienen reservada la mesa de siempre. Después de la comida pueden subir de nuevo a la oficina para firmar definitivamente el contrato.

El nombre de un restaurante en una espiral

Finde fünf Wörter zum Thema Restaurant in der Wortschlange. Notiere dann die übrig gebliebenen Buchstaben von links nach rechts.

CCAMAREROOSCUENTATAPROPINABSERVILLETARAPOSTREVA

Lösung:
El nombre del restaurante es

☐☐☐☐☐ ☐☐☐☐.

Unos minutos más tarde, los tres estamos ya en la calle y caminamos hacia el restaurante Costa Brava. Personalmente, estoy muy contento también por estar de nuevo con Mireia. Me alegro de su regreso a casa, después de casi cuatro semanas en Colombia, con el reportaje ya finalizado. Aunque todavía tengo una sensación un poco rara, no estoy enfadado. Ella sabe que me encantan los juegos y los acertijos. Y está claro que, gracias a todas las pruebas superadas en las últimas treinta y seis horas, ahora conozco mejor Barcelona. Y me gusta mucho esta ciudad, su gente, su lengua, su cultura.

?!

In der Umgangssprache *pantumaca* (kat. *pa amb tomàquet*) genannt, ist *pan con tomate* aus geriebenen Tomaten auf Brot ein Klassiker unter den spanischen Tapas.

Y la gastronomía también forma parte de ella, por supuesto.
Mireia y yo estamos de acuerdo cuando el señor Soler pide para los tres pantumaca de primero y fricandó de ternera de segundo.

?!

Fricandó de ternera (Kalbsfrikassee) ist ein traditioneller katalanischer Eintopf, der gerne mit Pilzen gegessen wird.

De postre no me importa repetir la típica crema catalana, que está increíble.

Durante la comida, los tres charlamos de nuestro proyecto editorial y de la ciudad, pero de repente Mireia me sorprende con una conversación sobre su futuro profesional.

—Teo, parece que Barcelona te gusta mucho y me alegro, porque justo yo te quiero comentar algo —me dice con un poco de misterio.

—¿Comentar algo? Eso suena un poco peligroso... —contesto divertido y todavía de buen humor.

El señor Soler nos mira interesado mientras le hace un gesto al camarero para pedir los cafés.

—Yo también tengo una oferta de trabajo aquí en Cataluña. Se trata de un reportaje para RTVE durante un mínimo de seis meses, posiblemente casi un año —me dice Mireia con una sonrisa enorme en la cara.

?!

RTVE (*Radio y Televisión Española*) ist die öffentlich-rechtliche Rundfunkanstalt Spaniens.

Cuando la veo sonreír así, no tengo dudas en absoluto. La conozco muy bien. Ella ya tiene clarísima su decisión.

—Puedes pedir un año sabático en el instituto y trabajar en el proyecto para el señor Soler aquí mismo. ¿Te imaginas? Los dos juntos en Barcelona, a partir de enero...

No puedo negar que la idea es muy atractiva y que esta ciudad me parece un lugar espectacular para vivir. Lo pienso y todavía no contesto, pero Mireia continúa con su monólogo.

—¿No es genial? Pedir un curso libre en el instituto no es un problema y así tienes mucho más tiempo para tu libro. ¿Qué me dices?

El camarero nos sirve tres cafés con leche y el señor Soler usa el momento para participar en la conversación:

—Para nosotros siempre es positivo tener a nuestros autores cerca de la editorial. Y justo yo tengo ahora un apartamento libre en el barrio de Poblenou. Quizás os puede interesar...

Mireia me mira con sus ojos negros, que piden a gritos «¡Por favor, por favor, por favor!».

La idea de imaginar una pausa, lejos del instituto, para poder escribir, es más que interesante. Venir a Barcelona para vivir con Mireia es casi un sueño.

?!

El Poblenou ist eine ehemalige Industriezone im Nordosten der Stadt, wo sich die Kunst- und Alternativkultur angesiedelt hat. Besonderes Highlight ist die unmittelbare Nähe zum Strand.

—Aquí se vive muy bien, esta es una ciudad con un clima mediterráneo excelente, mucha cultura, la playa de la Barceloneta y el mar en general… Creo que realmente tenemos una calidad de vida buena. Para ti, como escritor, va a ser muy interesante estar aquí por Sant Jordi.

—Sant Jordi… —digo, mientras ya me imagino en las Ramblas llenas de gente.

—Sí, hombre, ya sabes, la fiesta de San Jorge, que se celebra todos los años el 23 de abril, con el Día del Libro. Aquí en Cataluña es una fiesta muy especial.

—Sí, sí, conozco la costumbre de regalar libros y rosas en esa fecha. Tengo muchísimas ganas de vivir ese día en persona…

Las palabras de mi editor suenan como música en mis oídos y sin pensarlo más, le digo a Mireia:
—Voy a hablar con el director del instituto y lo intentamos, ¿vale? Mi chica se levanta y me da un beso que se escucha en todo el local. Entonces el señor Soler levanta de nuevo su brazo para llamar al camarero:
—¡Esto tenemos que celebrarlo! Por favor, tres copas de ratafía —le pide levantando tres dedos de la mano derecha.
—¿Rata... qué? —pregunto sin saber qué está pidiendo mi nuevo jefe.
—La ratafía es un licor que te va a encantar, estoy seguro.
Los tres levantamos las copas para brindar por nuestro futuro proyecto editorial, por el reportaje de Mireia en RTVE y por nuestra vida futura en la capital de Cataluña.

?!

Ratafía ist ein katalanischer Likör, der aus Kräutern, jungen Walnüssen, Früchten und vielen verschiedenen Gewürzen hergestellt wird.

—Salut! —dice el señor Soler en catalán, antes de beber.
Después de un rato, mi editor hace un gesto para pedir la cuenta y el camarero se acerca poco después con una cartera con el nombre del restaurante:

—¿Van a pagar en metálico o con tarjeta?

—Con tarjeta, por favor —contesta el señor Soler.

Mireia y yo damos las gracias por la invitación a la comida, mientras el camarero pone sobre la mesa el dispositivo electrónico para pagar con la tarjeta de crédito. Cuando Marc Soler marca en el teclado el pin, lamentablemente, el aparato indica que hay un error. Después de un segundo intento, sin éxito, la situación es un poco desagradable, ya que el pin es, de nuevo, incorrecto. De repente, el editor recuerda que es la primera vez que usa esa tarjeta de crédito.

—Ah, perdón. Creo que ya sé cuál es el problema. Esta es una tarjeta de crédito nueva. Un momento, por favor, que llamo a mi secretaria para obtener el pin correcto.

Encontrar el pin

Finde heraus, wie die PIN der neuen Kreditkarte lautet, damit der Verleger die Rechnung begleichen kann.

1. La primera cifra es el número de la línea de metro que usa Teo para llegar a la plaza de España.
2. En segundo lugar está la última cifra del número de teléfono del restaurante La forquilla d´or.
3. En tercer lugar está el número de estrellas del hotel La gaviota.
4. El número de maletas que se pueden ver en la portada del libro es también la última cifra del pin.

El pin es

.

Después de una llamada telefónica de poco más de un minuto con su secretaria, Marc Soler ya sabe cuál es el pin de la nueva tarjeta de crédito de la empresa y lo marca en el dispositivo electrónico que todavía está encima de la mesa:
3 – 0 – 5 – 1.
En la pantalla se puede leer claramente: «Operación realizada con éxito» y mi editor sonríe de nuevo, ya mucho más tranquilo.
Poco después, los tres salimos del restaurante y entonces, mientras ya paseamos por la calle, recibo la última sorpresa antes de firmar el contrato:
—Teo, realmente está claro que eres un jugador excelente y que eres muy bueno con los acertijos. Y tengo una última prueba para ti —me dice Marc Soler mientras caminamos a pocos metros del Arco del Triunfo.
—¿Qué? No estás hablando en serio, ¿no? —le pregunto mientras miro también a mi novia.
—Yo esta vez no sé nada. De verdad, no sé de qué está hablando... —responde Mireia con cara de sorpresa.
—Ahora ya sabes que me encanta jugar. Así que te hago una última propuesta, Teo. Si encuentras la solución a un último acertijo, os permito vivir en mi apartamento de Poblenou totalmente gratis durante un año. Si no encuentras la solución, cambiamos el contrato y

tú escribes el libro para la editorial gratis. ¿Qué me dices? ¿Quieres jugar? —me pregunta mi editor con una mirada provocativa.

—Algo así como un «doble o nada», ¿no? —le contesto interesado, mientras Mireia me mira con cara de sorpresa.

—¿Qué? ¿De verdad estás pensando en aceptarlo? —me pregunta, aunque ella me conoce tan bien que ya sabe la respuesta.

La idea de escribir el libro es ya para mí un regalo, vivir un año en Barcelona con mi chica un sueño. Así que pienso que no tengo mucho que perder. Sin pensarlo ni un segundo más, le contesto al señor Soler:

—¡Vamos a jugar! ¿Cuál es ese último acertijo? Mi nuevo editor sonríe y señala con la mano la entrada del parque de la Ciudadela, a pocos metros del lugar donde nos encontramos:

—Tu decisión muestra que eres la persona adecuada para este proyecto. ¿Sabes dónde estamos?

?!

El parque de la Ciudadela (kat. *parc de la Ciutadella*) ist eine grüne Oase im Stadtzentrum, die das katalanische Parlament, den Zoo und mehrere Museen beherbergt.

Aunque no lo conozco bien, sé que este es, con el de Montjuic, el parque más grande de la ciudad y que en él hay varios edificios importantes. Los tres nos acercamos al cartel informativo que podemos ver en la entrada. Entonces el señor Soler saca unas etiquetas con las letras A, B y C, que pega sobre el mapa allí mismo.

—Puedes ver que con la letra A señalo el castillo de los Tres Dragones y la iglesia, con la letra B el Museo Martorell y el parlamento, y con la letra C el parque zoológico y la fuente. El acertijo es muy fácil. Solo tienes que unir con este lápiz las letras que son iguales sin cortar las líneas, ¿comprendes?

Lineas y letras

Verbinde die jeweils gleichen Buchstaben (A mit A, B mit B und C mit C) auf der Übersichtskarte des Ciudadella Parks, ohne dass sich die drei Linien überschneiden.

Después de unos segundos, le pregunto al señor Soler:
—¿Seguro que es posible?
Entonces Mireia, con los ojos muy abiertos, dice:
—¡Claro que es posible! ¡Lo tengo!
En ese mismo momento, también yo veo por fin la solución al acertijo y cojo el lápiz para marcarla en el mapa.
El señor Soler me mira muy contento y me da la mano:
—¡Bravo! ¡Enhorabuena! Ahora sí estoy completamente seguro. No solo vas a escribir un gran libro sobre esta ciudad, sino que vais a vivir aquí en Barcelona un año gratis. Mireia primero mira el mapa y después me dice, con sus ojos verdes llenos de felicidad:
—Todavía no puedo creerlo… ¡Vamos a vivir un año en Barcelona!
Le doy las gracias al señor Soler y le digo a mi novia:
—Un año en Barcelona, sí… ¿o quién sabe si también nuestro destino final para toda la vida?

Lösungen Bonusteil

El nombre de un restaurante en una espiral: Die Worte, die in der Wortschlange sind: (el) camarero, (la) cuenta, (la) propina, (la) servilleta, (el) postre. Der Name des Restaurants ist COSTA BRAVA.
Encontrar el pin: 1. Die U-Bahn-Linie ist die Linie 3, 2. die letzte Zahl der Telefonnummer vom Restaurant „La forquilla d´or“ ist die 0, 3. das Hotel „La Gaviota“ hat 5 Sterne und 4. man sieht einen Koffer auf dem Cover. Die PIN ist 3-0-5-1.
Lineas y letras: Die Linien kreuzen sich nicht, wenn man sie wie folgt verbindet:

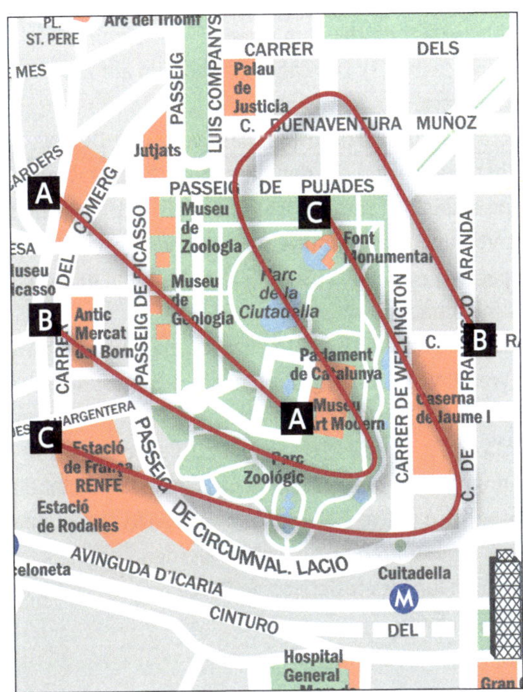

Tipps zu den Rätseln

El orden correcto (Seite 13): Das gesuchte Wort ist eine bekannte touristische Attraktion.
Un hotel con nombre de animal (Seite 17): Überlege, wo im Buch du ein Tier gesehen hast. Sein Name kommt im Verlauf der Geschichte mehrmals vor.
Una sopa de letras con colores (Seite 21): Wenn du alle Farben gefunden hast, musst du die verbleibenden Buchstaben einfach von links nach rechts aneinanderreihen.
Elegir la puerta correcta (Seite 27): Gehe die Fragen einzeln durch und spiele die möglichen Antworten der Mönche durch. Wenn du richtig geantwortet hast, zeigt dir die Blume, wo es weitergeht.
Números y letras (Seite 33): Die Zahlen verweisen auf den Platz des Buchstabens im Wort.
Un código secreto en las cartas españolas (Seite 41): Der Wert und das Symbol der Karte verweisen auf den passenden Buchstaben.
Solucionar una ecuación (Seite 46): Es gilt die Punkt-vor-Strich-Regel. Die Klammer hat Vorrang, also Klammer vor Punkt vor Strich.
Descubrir la palabra escondida (Seite 50): Manchmal muss man über den Tellerrand hinausschauen.
Descifrar el código (Seite 54): Achte auf die Zeilen und die Anzahl der Buchstaben. Wenn du die Lösung dann noch nicht gefunden hast, hilft dir die Suche nach einem Werk des Künstlers.
Escribir un SMS con números (Seite 59): Drücke die Zahlen so oft auf der Tastatur, wie angegeben, und finde den passenden Buchstaben.
Pistas y un jeroglífico (Seite 64): Das Bauwerk sollte am hundersten Todestag seines Architekten fertiggestellt werden.
Un crucigrama con lugares turísticos de Barcelona (Seite 68-69): Das Runde muss ins Eckige.

Lösungen

El orden correcto (Seite 13): In der richtigen Reihenfolge bilden die Buchstaben den Namen der bekannten Flaniermeile (LA) RAMBLA.

Un hotel con nombre de animal (Seite 17): Auf dem Cover des Buches sieht man eine Möwe. Das Wort Möwe (span. la gaviota) taucht im Verlauf der Geschichte mehrmals auf: bei der Plakatbeschreibung am Flughafen (Seite 9), auf dem Weg zum Palacio Nacional auf dem Montjuic (Seite 39) und zum Maremagnum (Seite 42). Das Hotel heißt HOTEL LA GAVIOTA. Auf Seite 65 geht es weiter.

Una sopa de letras con colores (Seite 21): Farben waagerecht: violeta, azul, naranja, blanco, marrón; Farben senkrecht: lila, rojo, gris. Das Lösungswort aus den verbleibenden Buchstaben lautet (EL) PARQUE GÜELL.

Elegir la puerta correcta (Seite 27): Es ist egal, welchem Mönch du deine Frage stellst. Wichtig ist nur, dass du ihn über den ANDEREN MÖNCH befragst. Deshalb lautet die Lösung „Welche Tür würde mir der andere Mönch nennen, wenn ich ihn nach der korrekten Tür frage?". Wenn du an den Mönch gerätst, der immer die Wahrheit sagt, wird er dir die falsche Tür zeigen, weil er weiß, dass sein Bruder immer lügt. Wenn du aber an den Mönch gerätst, der immer lügt, zeigt auch er dir die falsche Tür, da er die Antwort seines wahrheitsliebenden Bruders umdreht. Beide nennen dir dieselbe Tür. Deshalb musst du einfach nur die andere nehmen. Auf Seite 34 geht es weiter.

Números y letras (Seite 33): Wenn jeder Buchstabe an der durch die Zahl vorgegebene Stelle im Wort platziert wird, lautet das Lösungswort MAREMAGNUM.

Un código secreto en las cartas españolas (Seite 41): 3 Münzen = C, As der Münzen (1) = A, 6 Kelche = S, 7 Kelche = T, 9 Münzen = I, König der Münzen (12) = L (zweimal) und 2 Kelche = O ergeben das Lösungswort (EL) CASTILLO.

Solucionar una ecuación (Seite 46): Das Ergebnis ist 13.
$(2 + 3) \cdot 2 + 9 : 3 = 5 \cdot 2 + 3 = 10 + 3 = 13$
In ausgeschriebener Form ist die Zahl TRECE Teil der Überschrift des Kapitels, mit dem es weitergeht.
Descubrir la palabra escondida (Seite 50): Wenn man das Buch um 90 Grad nach links dreht, kann man im Rahmen das durch das Bild halbierte Wort TIBIDABO entdecken.
Descifrar el código (Seite 54): Erst wird die Zeile (span. la línea) mit L angezeigt und dann die Stelle des Buchstaben innerhalb der Zeile (ausgehend von der Gesamtanzahl der Buchstaben). Der gesuchte Künstler heißt MIRÓ. Eine seiner Bronzefiguren (Personnage, 1970) steht direkt vor der Fundación Joan Miró.
Escribir un SMS con números (Seite 59): 33 = E, 7777 = S, 7 = P, 2 = A, 66 = N, 999 = Y und 2 = A ergibt das Lösungswort ESPANYA. Von der Haltestelle Lesseps bis Espanya sind es 9 Stationen: $(9 \cdot 4) + 2 = 38$
Pistas y un jeroglífico (Seite 64): Neben den Hinweisen im Text wird das Rätsel wie folgt gelöst: Der weibliche bestimmte Artikel ist LA + die Abkürzung für Sociedad Anónima (Aktiengesellschaft) ist SA; die Temperatur misst man auf Spanisch in GRADO, das -o wird durch ein -a ersetzt, zusammengezogen also SAGRADA + das Bild einer FAMILIA = LA SAGRADA FAMILIA. Auf Seite 18 geht es weiter.
Un crucigrama con lugares turísticos de Barcelona (Seite 68-69): Die Lösungen 1. (la) catedral, 2. (el) estadio, 3. (el) mercado, 4. (la) playa, 5. (el) restaurante, 6. (el) hotel und 7. (el) aeropuerto ergeben den Namen des Stadions CAMP NOU. Dort rollt der Ball.

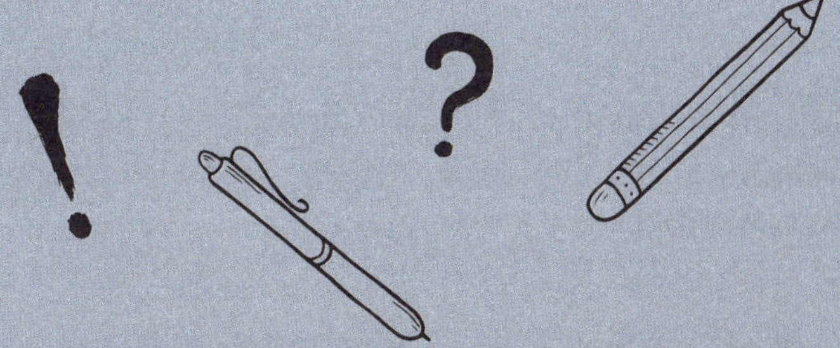

GLOSSAR

f = feminin
m = maskulin
pl = Plural
inf = Infinitiv
irr = unregelmäßiges Verb

a pesar de .... obwohl
a través de .... durch
abandonar .... aufgeben, verlassen
acceder .... gelangen
acercarse .... sich nähern
acertijo *m* .... Rätsel
acompañado/-a .... in Begleitung
aficionado/-a *m/f* .... Fan, Liebhaber(in)
agotado/-a .... erschöpft
alterno/-a .... abwechselnd
ambos/-as .... beide
anochecer *m* .... Sonnenuntergang
anterior .... vorige(r, s)
aparcar .... parken
apoyar .... lehnen
aprendiz/-a *m/f (aprendices m/pl)* .... Auszubildende(r)
arreglar .... regeln
arte *m* **contemporáneo** .... zeitgenössische Kunst
artista *m/f* .... Künstler(in)
atentamente .... mit freundlichen Grüßen
baraja *f* **española** .. spanische Spielkarten
basílica *f* .... Basilika
billete *m* **de vuelta** .... *hier:* Rückflugticket
brindar .... anstoßen
broma *f* .... Scherz, Spaß
butifarra *f* .... *katalanische Wurstspezialität*
cariño .... *hier:* Schatz
cartel *m* .... Plakat
cartera *f* .... Brieftasche
casualidad *f* .... Zufall
charla *f* .... Geplauder
charlar .... plaudern
colocar .... (an)ordnen, (an)bringen
complicidad *f* .... Mitwisserschaft

comprobar *(o > ue) irr* ... überprüfen, beweisen
confundido/-a ... verwirrt, durcheinander
conseguir *(e > i) irr* ... bekommen, ergattern
crucigrama *m* ... Kreuzworträtsel
cuadro *m* ... Bild, Gemälde
dar *(doy) irr* **la vuelta** ... umdrehen
darse *(me doy) irr* **la vuelta** ... sich umdrehen
de hecho ... eigentlich
de repente ... plötzlich
desaparecer *(desaparezco) irr* ... verschwinden
desaparición *f* ... Verschwinden
descansar ... (aus)ruhen
desconectar ... ausschalten
desde luego ... zweifelsohne, selbstverständlich
despistado/-a ... unaufmerksam, zerstreut
destino *m* ... Ziel
devolver *(o > ue) irr* ... zurückgeben; zurückholen
dirección *f* ... Richtung
divertirse ... sich amüsieren
dragón *m* ... Drache
echar de menos ... vermissen
echar ... werfen
ecuación *f* ... Gleichung
editor/-a *m/f* ... Verleger(in)
editorial *f* ... Verlag
elección *f* ... Wahl
empleado/-a *m/f* ... Angestellte(r)
¡Enhorabuena! ... Gratuliere!
equipo *m* ... Mannschaft
es una pena ... es ist schade
escalinata *f* ... Freitreppe
escolar ... Schul-, schulisch
escultura *f* ... Skulptur
espectador/-a *m/f* ... Zuschauer(in)
esperanza *f* ... Hoffnung
estar *(estoy) irr* **en juego** ... auf dem Spiel stehen
estupendo/-a ... wunderbar
éxito *m* ... Erfolg
exposición *f* **temporal** ... temporäre Ausstellung
expresión *f* ... Ausdruck
felicitar ... gratulieren
fijarse ... *hier:* hinschauen; aufpassen
firmar ... unterschreiben
folleto *m* ... Boschüre
fondo *m* ... Hintergrund

fuera de cobertura .... ohne Netz, Empfang
fuet *m* .... *katalanische Dauerwurst*
funicular *m* .... Seilbahn
gaviota *f* .... Möwe
girarse .... sich umdrehen
golpear .... schlagen
gracias a .... dank
horario *m* .... *hier:* Öffnungszeiten
indicar .... (an)zeigen
inmediatamente ... sofort
intercambio *m* ...... Austausch
jeroglífico *m* .... Bilderrätsel
ladrón *m* / **ladrona** *f* .... Dieb(in)
lamentablemente .. leider
letrero *m* .... Aufschrift, Schild
leyenda *f* .... Legende, Sage
limpieza *f* .... Reinigung
llamada *f* **perdida** . verpasster Anruf
llegada *f* .... Ankunft
malvado/-a .... bösartig
marco *m* .... Rahmen
margen *m* *(márgenes pl)* ..... Rand
mentir *(e > ie) irr* ... lügen
mientras .... während
mirador *m* .... Aussichtspunkt
modo *m* **avión** .... Flugmodus
monje *m* .... Mönch
nervio *m* .... *hier:* Aufregung
obra *f* .... Werk
orden *f* *(órdenes pl)* .... *hier:* Auftrag
oscuridad *f* .... Dunkelheit, Finsternis
pago *m* **inicial** .... Vorauszahlung
parada *f* .... Halt, Haltestelle
pararse .... anhalten
particular .... privat, persönlich
partido *m* .... Spiel
paseo *m* .... Straße, Allee; Spaziergang
paso *m* .... Schritt
patio *m* .... Innenhof
peligro *m* .... Gefahr
peligroso/-a .... gefährlich
permitir .... erlauben
piel *f* .... Leder
pista *f* .... Hinweis, Spur
por fin .... endlich
por supuesto .... selbstverständlich, natürlich
prometer .... versprechen
promocionar .... werben
propina *f* .... Trinkgeld
propio/-a .... eigene(r, s)
prueba *f* .... Prüfung
pulsación *f* .... Herzschlag
puño *m* .... Faust

punto *m* **fuerte** ..... Stärke
recoger *(recojo)* *irr* ..... abholen
reconocer *(reconozco)* *irr* ..... (wieder)erkennen
referencia *f* ..... Hinweis, Anspielung
regreso *m* ..... Rückkehr
reunión *f* ..... Besprechung, Sitzung
rosa *f* **de los vientos** ..... Windrose
rotonda *f* ..... Kreisverkehr
salamandra *f* ..... Salamander
salir *(salgo) irr* ..... *hier:* zusammen sein
secuestrador/-a *m/f* ..... Entführer(in)
secundaria *f* ..... weiterführende Schule
según ..... nach, laut
sentido *m* ..... Richtung
ser aficionado/-a ..... sich für etwas begeistern
serpiente *f* ..... Schlange
servicio *m* **de consigna** ..... Schließfachservice
siglo *m* ..... Jahrhundert
siguiente ..... nächste(r, s)
sin parar ..... ununterbrochen, pausenlos
sobre *m* ..... Umschlag
socio/-a *m/f* ..... Mitglied
sonar *(o > ue) irr* ..... klingen; klingeln
sudar ..... schwitzen
suelo *m* ..... Boden
sufrir ..... (er)leiden
superado/-a ..... bestanden
tablero *m* ..... Spielbrett
taquilla *f* ..... Kasse
tardar ..... dauern
tarjeta *f* **(de visita)** ..... Visitenkarte
teclado *m* ..... Tastatur
tenso/-a ..... angespannt
tras ..... *hier:* auf; hinter
truco *m* ..... Trick
tumba *f* ..... Grab
venga ..... Komm!, Kommen Sie!
viaducto *m* ..... Viadukt
víctima *f* ..... Opfer
vigilar ..... beobachten, überwachen
volver *(o > ue) irr* **a** *+ inf* ..... wieder *+ inf*

Bildnachweis

Shutterstock: Rahmen: Milano M (ganzes Buch); Yuna Renn (gelbes Ausrufe- und Fragezeichen, ganzes Buch); TMvectorart (Vokabelzettel, ganzes Buch); Pablo Caridad (Hintergrund Rätsel, ganzes Buch); Yullishi (Zettel Rätsel, ganzes Buch); 4: lalan (Fragezeichen), Net Vector (Salamander) ; 5: Volha Hlinskaya; 6: JoaoCachapa, 8: Sashkin; 9: Posterelemente: aksol (Möwe), Inspiring (Spots), JosepPerianes (Stempel), Milano M (Rahmen), Nata_Alhontess (Koffer, Palmen Vordergrund), Podessto (Tickets), Pylypchuk (Weg), Roman Bykhalov (Flip-Flops), rraya (Seilbahngondel, Sagrada Familia), servantes (Palmen Hintergrund); 10: SvetaZi; 11: Ron Dale (Zettel), Topuria Design (Umschlag); 13: Volha Hlinskaya (Avatar), peresanz (Blumenstände auf der Rambla); 14: Taras Verkhovynets; 16: lemono, 17: robuart; 18: Allen.G; 19: Noahsu; 20: StudioGraphic; 21: Albachiaraa; 22/23: trabantos; 24:rraya (Seilbahngondel) 26: Yasonya; 27: Taras Verkhovynets (Templo Expiatorio del Sagrado Corazón de Jesús), amid999 (Mönche), mhatzapa (gezeichnete Blumen); 28: entreguin (Taxi), Hand (Africa Studio); 29: GizemG (Straßenschild), Mistervlad (Plaza de Cataluña); 30: RESTOCK images; 31: kavalenkau; 32: Victor Moussa (Kryptex), Flas100 (Zettel); 33: Leandro PP; 34: mhatzapa; 35: Granate Art; 37: Vunav; 38: shirmanov aleksey; 40: JOSEMANUEL246; 41: BA Arts (einzelne Spielkarten und Symbole), LaInspiratriz (Bube mit Münze); 42: Yaska; 44: Marlinde; 46: illustrator096; 47: Dignity100 (Skulptur), mhatzapa (gezeichnete Blumen); 49: Aluna1; 50: Ilya_Martynov (abstraktes Bild), Marina Santiaga (Zickzack-Linien), A-R-T (Bilderrahmen); 51: Lauritta; 52: vipman; 53: HobbitArt; 54: Marco Rubino; 55: VladyslaV Travel photo; 56: Marina Datsenko; 57: Dominic Jeanmaire; 58: stanbulphotos (Postkarte), Elizaveta Galitckaia (altes Handy); 59: LightField Studios (Metro-Symbol), grebeshkovmaxim (Handy mit Tastatur); 60: Spreadthesign; 61: grebeshkovmaxim (goldene Gabel), na_svazi (Visitenkarten-Icons); 62: alionabirukova; 63: BearFotos; 64: KoOlyphoto (Rechnungsmappe), CB studio (Thermometer), omibomotu (Familie); 65: Wirestock Creators (Torre de Glòries), Colaborador Vector (Möwe); 67: Mr.Timoty (Zettel), Topuria Design (Umschlag); 68-69: 1. Neirfy, 2. BearFotos, 3. Donald Thoreby, 4. Maxim Morales Lopez, 5. Miguel Zagran, 6. MDV Edwards, 7. Kwannokprom; 70: lalan (Ausrufe- und Fragezeichen), Polina Tomtosova (Spiele-Doodles); 71: Ungor; 72: Wargone; 73: Net Vector; 74: Alex Colom; 75: bonchan; 77: Artyart; 78: 19bProduction; 79: witaker; 80: Rufat Bunyadzada (Kartenlesegerät), lalan (Fragezeichen); 81: Ostancov Vladislav; 83: Pit Stock; 84: Kozlik (Holztafel), Porcupen (Stadtplan); 85: Porcupen; 86: Net Vector; 87: Porcupen (Stadtplan); 91: lalan (Ausrufe- und Fragezeichen), Polina Tomtosova (Spiele-Doodles)